CONVERSATIONS
SUR LA
LANGUE FRANÇAISE

PIERRE ENCREVÉ
MICHEL BRAUDEAU

CONVERSATIONS SUR LA LANGUE FRANÇAISE

nrf

GALLIMARD

à Marie-Hélène
à Nicole Aboulker

Cet homme plein de scepticisme a des certitudes grammaticales. Hélas, madame Straus, il n'y a pas de certitudes, même grammaticales. Et n'est-ce pas plus heureux ? Parce qu'ainsi une forme grammaticale elle-même peut être belle, puisque ne peut être beau que ce qui peut porter la marque de notre choix, de notre goût, de notre incertitude, de notre désir, et de notre faiblesse.

MARCEL PROUST
Correspondance avec Madame Straus

→ La langue comme
Vision du Monde
Relativisme
Linguistique p 40

Avertissement

Le lecteur qui prêtera son attention à ce dialogue entre deux amis de longue date constatera sans peine l'inégalité de leurs contributions. L'un fournit des réponses développées, appuyées sur des années de réflexion, aux questions intentionnellement brèves et naïves que l'autre lui propose pour amorcer ou relancer leur échange.

Pierre Encrevé est linguiste, directeur d'études à l'École des hautes études en sciences sociales, spécialisé en phonologie, pragmatique et sociolinguistique. Il est aussi l'auteur du catalogue raisonné des peintures de Pierre Soulages, édité en trois tomes (Le Seuil, 1994, 1996, 1998) et dont le texte vient d'être republié en un volume (*Soulages, Les peintures, 1946-2006*, Le Seuil, 2007).

Michel Braudeau, qui fut son élève, est écrivain, romancier et journaliste, et rédacteur en chef de *La Nouvelle Revue française*, où ont paru d'octobre 2005 à octobre 2006 (*La NRF*, n° 575 à n° 579) les cinq conversations réunies dans ce livre sous une forme légèrement remaniée.

Devisant au fil de leurs promenades dans divers jardins de Paris, les auteurs n'ont certes pas voulu offrir un traité savant sur notre langue, plein de précisions, d'argumentaires, de références et chargé de notes en bas de page ; il y a des publications scientifiques pour cela. Plutôt, ils ont choisi d'évoquer, avec la légèreté et la liberté du ton de la conversation, quelques aspects de la langue française, de son histoire, de sa réalité présente et des perspectives qui s'ouvrent à elle, en pensant à ceux qui la parlent, l'écrivent et la transforment en ce début du XXIe siècle. Qu'on n'y cherche donc pas l'austérité érudite ni la mise à distance propre à la recherche. Mais on y trouvera des vues personnelles, des prises de position et quelques convictions.

I

Au Palais-Royal

MICHEL BRAUDEAU — *Entrons donc, cher Pierre, dans le jardin du Palais-Royal pour converser un moment sur les heurs et malheurs de la langue française. À peu près comme lorsque nous avons fait connaissance sur les bancs de l'université de Vincennes en 1968, toi le maître, moi l'élève.*

PIERRE ENCREVÉ — Le maître... Un mot banni à cette heureuse époque.

M. B. — *Une époque qui explique notre tutoiement. La linguistique faisait alors une percée fracassante parmi les sciences humaines, avec Saussure, Jakobson, Chomsky, grâce à des chercheurs comme Nicolas Ruwet et toi.*

P. E. — Beaucoup d'autres... Tu traduisais *Structures syntaxiques* de Chomsky. C'était des années de grand enthousiasme pour la linguistique, générale d'abord puis générative.

M. B. — *La fièvre est retombée, mais pour autant je ne pense pas que nous ayons eu tort d'y croire.*

P. E. — Cette histoire n'est pas close, cette aventure, pourrait-on mieux dire, compte tenu de la dimension romanesque de cette discipline, avec des héros aussi imprévisibles que Saussure, Troubetzkoy, Sapir, Jakobson ou Harris...

M. B. — *Pour aujourd'hui notre héros sera la langue.*

P. E. — Et quelle est la question ?

M. B. — *Le français est une langue à la fois très ancienne et très vivante dont le rang n'est pas négligeable dans le monde. Elle a beaucoup de locuteurs, de personnes qui la parlent couramment comme leur langue maternelle ou leur langue d'adoption — on verra les différents usages —, en même temps, on dit souvent que c'est une langue menacée de mort par la toute-puissance de l'anglais, en attendant l'arrivée du chinois ou de l'indien ou du bengali ou du tamoul ou de je ne sais quoi. Quelle est donc la situation du français ? Faut-il s'en plaindre ? Faut-il se rassurer ? Est-ce dangereux ? Comment en est-on arrivé là ?*

P. E. — Il faut d'abord préciser les termes. Par exemple, le français n'est pas une langue très ancienne, puisqu'elle n'apparaît qu'à la fin du premier millénaire de notre ère, alors que, pour s'en tenir aux langues parlées maternellement sur le territoire de la République, le basque, le breton mais surtout les langues amérindiennes de Guyane ou les langues mélanésiennes et polynésiennes sont incomparablement plus anciennes. Si on envisage donc l'ensemble des langues maternelles répertoriées comme langues de France, en tenant compte de celles des départements et territoires d'outre-mer, le français est probablement, avec les autres langues romanes qui sont encore un peu transmises maternellement, c'est-à-dire surtout le corse et le catalan, une des plus récentes après les créoles.

M. B. — *Les créoles, tu veux dire...*

P. E. — L'ensemble des créoles, caribéens, guyanais et réunionnais, qui sont à base lexicale française. Ceux-là sont plus jeunes en effet puisqu'ils datent...

M. B. — *... de la Révolution française ?*

P. E. — Quand même pas : de la traite et de l'esclavage. Mais avant la création des créoles, nés du contact inégalitaire — c'est le moins qu'on puisse dire — entre esclaves africains et colons français, le français était parmi les langues les plus récentes du territoire national, contrairement à ce qu'imaginent spontanément les Français pour qui la langue officielle de la République est là de toute éternité, comme la France selon le Général...

M. B. — *De quel siècle daterait-elle ?*

P. E. — Les témoignages écrits commencent au IXe siècle seulement, les fameux Serments de Strasbourg qui auraient été prononcés en 842. Mais le manuscrit sur lequel nous les lisons date des environs de l'an mil et nul ne sait quel rapport exact ce texte entretient avec les échanges censés avoir eu lieu le 14 février 842 sur les rives du Rhin entre deux petits-fils de Charlemagne s'alliant contre le troisième, sur le double front de leurs troupes respectives. En fait, la *koiné* (c'est-à-dire la forme commune) écrite ne s'élabore vraiment en France (du Nord) qu'aux XIe et XIIe siècles.

Même en prenant en compte les parlers ayant précédé en « Francia » les formes écrites, c'est récent si, pour s'en tenir au territoire métropolitain, on compare non seulement avec le breton, qui est un descendant (indirect) du celte de « nos ancêtres les Gaulois », ou le basque, qui semble bien remonter directement aux langues des populations installées au sud de la France antérieurement à l'arrivée des Indo-Européens, mais encore avec le berbère, langue qui possède un système d'écriture propre depuis vingt-cinq siècles et qu'on est en droit de considérer aujourd'hui comme une langue de France : parce que c'est une langue qui était parlée dans les départements d'Algérie, partie intégrante du territoire national jusqu'en 1962, ainsi que dans notre protectorat marocain, lieux d'où, depuis lors, toute une population berbérophone est venue résider sur le territoire métropolitain, et parce que c'est, désormais, la langue maternelle d'enfants qui naissent et vivent français en France. Quant aux langues amérindiennes du département français de la Guyane, comme l'arawak, le kali'na, le palikur, l'émerillon, le wayana ou le wayampi, elles ont sans doute plus de cinq mille ans. Se déplaçant en Amazonie, elles ne sont pas arrivées depuis aussi longtemps en Guyane mais elles sont aujourd'hui, et depuis des siècles, parlées sur le territoire constitutionnellement indivisible de la République, et leurs locuteurs naissent et vivent citoyens français. Ce sont des langues qui se sont donc maintenues dans la longue durée, notamment parce que leurs rares locuteurs vivaient en petits groupes ayant peu de contacts extérieurs, bien sûr, et qui persistent encore aujourd'hui, probablement assez inchangées, bien qu'elles ne soient pas écrites. Quand on songe à la résistance de ces diverses langues, dans des situations très différentes, basque, berbère, arawak, on ne peut que sourire devant ceux qui croient le français en péril. Le français est une langue armée pour vivre bien plus longtemps encore que ces langues sans défense qui ont pourtant si bien survécu : aucune menace de mort ne pèse sur elle, qui fait aujourd'hui partie de la poignée de langues les mieux pourvues pour traverser le temps. Reste que, pour ce qui est de sa place dans le monde aujourd'hui relativement au passé proche, on peut en discuter...

M. B. — *Même de ce point de vue, et contrairement aux lamentations de rigueur, il n'est pas sûr que le pessimisme soit justifié.*

P. E. — Oui. Le français est devenu la langue de la plus grande puissance de l'Europe au XVIIe et au XVIIIe siècle. Et, au siècle suivant, celle d'une grande puissance coloniale. C'est une langue qui a été munie dès le XIIe siècle de littérature écrite et, dès le XVIe, de gros bataillons de grammairiens et de lexicologues acharnés à multiplier grammaires, dictionnaires, manuels d'apprentissage et tout un ensemble foisonnant de recherches sur la langue qui n'ont pas cessé et ne cesseront pas. Si bien que le français fait partie des langues du monde les mieux défendues par le travail savant et les mieux implantées par la puissance politique et militaire. En outre, il est porté par une des plus riches littératures de l'ère chrétienne.

M. B. — *À quelle époque te réfères-tu ?*

P. E. — Toute la littérature en français, depuis Chrétien de Troyes, mais plus spécialement la littérature en français moderne, qui commence à la fin du XVIe siècle et qu'on peut encore enseigner en France et à l'étranger dans le texte original. On fait même encore lire, mais en orthographe modernisée, aux élèves de nos collèges et lycées en France et à l'étranger un certain nombre de textes de la Pléiade, par exemple.

M. B. — *Les amis de Ronsard, pas la collection de la rue Sébastien-Bottin...*

P. E. — Ronsard, Du Bellay peuvent toujours être lus et compris, du moins dans des textes choisis et dûment expliqués en classe, par des adolescents qui s'envoient en permanence des SMS. Ce qui n'est pas si fréquent parmi les langues enseignées de par le monde. Nous disposons, dès le XVIe siècle, d'un patrimoine littéraire qui est encore d'une vraie lisibilité. Mais il faut s'entendre sur « lisibilité » : seulement certains textes de cette époque peuvent être lus sans apprentissage particulier, et à condition d'être accompagnés d'éclaircissements sur le contexte. Ce n'est pas le cas de Rabelais par exemple, dont on a publié à juste titre une édition bilingue : avec une traduction en français moderne en regard de l'original. Le corpus de textes « lisibles » par les adolescents dans le cadre scolaire s'élargit beaucoup dès le siècle suivant. Pascal ou La Fontaine écrivent un français accessible à nos élèves pour peu qu'ils prennent le temps de les entendre, dictionnaire à la main le cas échéant. Ce qui ne veut pas dire qu'ils en comprennent toutes les significations, mais qui le fait à part les spécialistes ? Si nous croisions l'un ou l'autre tout à l'heure, en ce jardin qu'ils n'ont pas connu, nous ne nous comprendrions certainement pas, ne serait-ce que pour des raisons d'évolution de la prononciation. Pascal, qui disait à juste titre « Montagne » pour désigner l'auteur des *Essais,* et appelait « Champagne » son ami peintre Philippe, ne les retrouverait pas facilement dans nos

« Montaigne » et « Champaigne », puisque nous avons oublié que le *i* devant *gn* n'était au XVIe qu'une des graphies possibles de ce *gn,* et nullement à lire en *è* avec le *a* précédent comme nous faisons. Et s'il nous demandait le nom du « rouè » régnant aujourd'hui sur la France, nous aurions du mal à lui expliquer qu'il n'y a plus de « roua ». Mais, et c'est décisif, nous pourrions engager un véritable dialogue, sans trop de difficultés mais non sans malentendus, par billets écrits ou par e-mail... L'accessibilité, la lisibilité, même partielle et relative, des textes classiques fait assurément partie du capital spécifique de notre langue pour traverser les siècles, aussi longtemps que les enseignants assureront le travail nécessaire à sa transmission effective. Capital littéraire qui reste d'autant plus vivant, j'y insiste, que nos lycéens qui y accèdent, fût-ce en extraits, sont simultanément virtuoses dans l'art du texto sur portable et du *chat* sur l'Internet.

M. B. — *Pour combien de temps ?*

P. E. — Difficile à dire. Pour l'heure je pense que, sans en prendre toujours conscience, les jeunes habitants de la France, qui suivent tous aujourd'hui des études secondaires, éprouvent leur langue, grâce au relais indispensable des enseignants, comme porteuse de cette profondeur historique vive : dans ce français qu'ils manipulent ludiquement dans leurs incessants SMS, ils peuvent entendre aussi dans les textes scolaires quelque chose de la voix des auteurs classiques. Leur rapport à la langue en est, à leur insu, transformé. Ils n'auront jamais ce rapport avec l'« anglais de communication internationale », même s'ils sont amenés un jour à l'utiliser de manière exclusive dans leur travail.

M. B. — *Tu as d'autres exemples ?*

P. E. — Là-dessus, on peut comparer le français au grec ou à l'hébreu qui sont des langues dotées d'écritures depuis plus de vingt-cinq siècles et qui sont encore parlées et écrites. Le grec a beaucoup évolué mais sans rupture, son capital classique est toujours symboliquement très présent et contribue à légitimer l'usage du grec moderne en Grèce. L'hébreu moderne de l'État d'Israël, c'est de l'hébreu reconstitué et considérablement enrichi ; l'écart est d'une autre nature puisque la langue moderne a été réinventée, ressuscitée à partir d'abord des textes anciens, au lieu d'une évolution « naturelle » à travers les siècles. Voici deux langues qui ont été très longtemps privées de pouvoir politique, qui avaient deux littératures, beaucoup moins nombreuses que la nôtre mais, comme la nôtre, majeures. Pour le grec, ce qui en est toujours largement transmis aujourd'hui, le plus souvent en traductions, c'est Homère, les Tragiques et les philosophes.

M. B. — *Ce qui n'a pas disparu dans l'incendie d'Alexandrie.*

P. E. — Ce corpus restreint est universellement connu et suffit à faire qu'encore maintenant, partout dans le monde, des enfants, comme le petit garçon que j'étais, ont envie d'apprendre le grec classique, pourtant réputé difficile dans la cour du collège, avec son alphabet différent du nôtre. Il est seulement dommage qu'en dernière année de lycée les élèves de grec classique ne se voient pas initiés au grec moderne. L'hébreu classique, lui, se borne à ce que les chrétiens nomment l'Ancien Testament — aujourd'hui lu en traduction dans le monde entier. À partir de cet ensemble d'écrits sacrés (mais aussi de l'hébreu michnique et même de l'hébreu médiéval), Ben-Yehuda a pu ressusciter à la fin du XIXe siècle une langue qui n'était plus parlée depuis le IIIe siècle, puis la faire apprendre, parler et écrire à tout un peuple qui l'a transmise comme langue maternelle à la génération suivante. Aujourd'hui comme il y a vingt-cinq siècles on parle hébreu là même où s'est formée la littérature hébraïque. Les langues ont la peau dure, et elles savent ressusciter... Ne sont vraiment menacées de mort que les langues parlées par de très petits groupes de locuteurs, de souvent moins d'une centaine de personnes, dont la civilisation actuelle détruit le genre de vie traditionnel.

M. B. — *On parle là de la langue parlée ou écrite ?*

P. E. — Derrière l'expression « le français », il y a une réalité extrêmement complexe, multiple et il faut peut-être déplier l'ensemble avant d'aller plus loin. Il y a beaucoup de variétés de français, d'abord parce qu'il y a la pluralité géographique : les francophones maternels usent des formes françaises standards de France, de Suisse, de Belgique et du Québec, qui ont chacune des particularités propres. Par ailleurs, dans chacun de ces pays se rencontre une grande variation sociale parmi les locuteurs, qui se retrouve en partie dans leurs usages de la langue, qu'ils soient oraux ou écrits. Notamment pour les adolescents, producteurs très actifs, notamment d'une variante inattendue de français écrit dans les *chats,* où des icônes (*smilies*) interviennent parmi les mots, et d'une forme phonétisée très nouvelle, incorporant les chiffres, dans les SMS. Il va de soi, par ailleurs, que le français de l'ENA n'est pas exactement celui des cités, de même que le français de Jacques Derrida n'est pas non plus celui de Michel Braudeau. La variation, que l'on prenne l'oral ou l'écrit, est infinie, mais on peut la catégoriser.

M. B. — *Et d'une province à l'autre ?*

P. E. — En ce début du XXIe siècle, la réponse serait plutôt non, surtout pour l'écrit : la presse l'atteste, mais les textos aussi sont les mêmes à Marseille et à Lille, et de même la langue des *chats*, tandis que les uns et les autres restent incompréhensibles aussi bien pour un banquier du 7e arrondissement de Paris que pour un commerçant du 20e, pour peu qu'ils soient l'un et l'autre sexagénaires.

L'enseignement généralisé du français depuis bientôt un siècle et demi, à quoi s'ajoute depuis trente ans la pratique de l'écoute quotidienne de la télévision, deux ou trois heures durant, par une grande majorité de la population de tous les âges et de toutes les conditions sociales, fait que, sur le territoire métropolitain, le français quotidien est relativement unifié à l'oral (mis à part les « accents » régionaux) comme à l'écrit — sauf dans les usages techniques bien sûr, qu'il s'agisse de philosophie, d'informatique, de médecine, de justice, etc. Mais pour ce qui est de la langue française elle-même, elle n'est pas unifiée, je le répète : notre empereur corse n'ayant pu s'emparer durablement de la Belgique et de la Suisse, nous n'avons pas pu aligner autoritairement sur le nôtre le français de Wallonie ni celui de Suisse romande, qui présentent encore, par bonheur, des traits propres. Mais dans l'Hexagone même, l'unification de la langue nationale est pratiquement achevée, comme l'ont démontré, en 2003, les résultats de l'enquête « Familles » menée auprès de trois cent quatre-vingt mille foyers par l'INSEE et l'Institut national d'études démographiques lors du dernier recensement national en France métropolitaine. Au moment de la Révolution française, en 1794, l'abbé Grégoire, qui avait mené la première enquête nationale sur la langue, très limitée à vrai dire, estimait qu'un cinquième seulement des Français parlaient la langue nationale ; et, en 1864, Victor Duruy, après une enquête auprès des préfets, jugeait qu'il n'y avait encore que les trois quarts de la population à parler le français, sans que ce soit d'ailleurs toujours leur langue maternelle, loin de là. Mais aujourd'hui, en France, la totalité des Français parlent la langue française (et beaucoup mieux que les paysans de la fin du XIXe), situation qui ne s'est jamais produite avant le dernier quart du XXe siècle.

M. B. — ... *Et pourtant, on ne cesse de gémir sur la dégradation de la langue...*

P. E. — Quand on déplore l'état présent du français, on néglige ce fait établi qu'on n'a jamais autant, ni aussi bien parlé et écrit le français en France dans l'ensemble de la population. Aujourd'hui, la quasi-totalité des enfants nés en France métropolitaine parlent français en première langue. Une unification linguistique réelle s'est faite par l'école et par les médias audiovisuels, qui a balayé les restes vivants des langues et dialectes régionaux. Ça n'empêchera pas les esprits chagrins de prétendre que la langue est en danger, qu'elle est peut-être généralisée mais méconnaissable... On connaît la chanson ! Ceux-là rêvent d'un français qui, étendu aujourd'hui à la totalité de la population, serait pourtant resté identique à celui qui était l'apanage d'une classe sociale limitée se réservant l'enseignement secondaire et supérieur, au temps de la douceur des lampes à huile, de la splendeur de la marine à voile et de l'Algérie de papa, pour citer un grand orateur. Comparons ce qui est comparable. Les adolescents des classes supérieures pratiquent un français moins surveillé que celui de leurs arrière-grands-parents, qui s'en désolent, mais les petits-enfants d'ouvriers et de paysans maîtrisent incomparablement mieux la langue nationale que ne faisaient leurs ancêtres. Nous sommes au temps des télécommunications mondialisées, de l'Internet, des portables et de l'usage généralisé de l'écriture sur écran et, pourtant, ayant éliminé toutes les langues concurrentes du territoire, le français en France, qui a évolué dans tous ses usages et dans toutes les classes sociales, se porte mieux que jamais en moyenne nationale, et tient très bien tête à l'anglais.

M. B. — *En attendant le chinois...*

P. E. — Et je considère, malgré les apparences, que Pascal, La Fontaine, Racine, Voltaire, Hugo, Balzac, Baudelaire, Proust, Camus ou Sartre y sont encore pour beaucoup... sans oublier les textos, pratique curieusement ignorée des jeunes Américains.

M. B. — *Exercice de style : vous transcrirez en langage texto une lettre de Proust adressée à une femme du monde pour la remercier d'une invitation à dîner.*

P. E. — Une des lettres à Mme Straus, celle où il affirme que « *les seules personnes qui défendent la langue française (comme "l'Armée pendant l'Affaire Dreyfus") ce sont celles qui "l'attaquent"* » ? Ça ferait fureur au bac... En réalité, la langue écrite, si on ne la limite pas à la littérature mais qu'on la considère dans toute son extension actuelle, est extrêmement variée. Il faut penser à toutes les écritures. L'écrit a aujourd'hui énormément d'importance, plus qu'on n'aurait pu l'imaginer il y a quelques décennies : les petits écrans ayant pris une place primordiale dans la vie sociale, l'écrit est partout et présente des formes très diverses. D'abord parce que, je le remarquais tout à l'heure, il y a des usages de la langue qui sont spécialisés : langue des philosophes, langue des juristes, langue des tribunaux, langue de l'administration, langues de chacune des techniques. Plus que de langues autonomes, il s'agit de variétés de la langue commune avec des lexiques spécialisés, des tournures syntaxiques, des formes d'argumentation, etc. De ce point de vue là encore, les Français ne sont pas du tout conscients de la richesse de la langue française, ne serait-ce qu'en nombre de mots. Par exemple, aujourd'hui, leurs plus gros dictionnaires ayant autour de cent mille mots, beaucoup de Français s'imaginent que le français n'en compte pas plus. Mais, bien que nul ne puisse le savoir exactement, on estime que le français comporte au moins deux millions de mots différents, et qu'il s'y crée entre vingt mille et trente mille mots nouveaux tous les ans, ce dont personne n'a une idée concrète.

M. B. — *Par exemple ?*

P. E. — Eh bien, des milliers, des dizaines de milliers de racines chimiques sous leur forme orthographique française ; une profusion de mots scientifiques et techniques qui se développe à une vitesse folle, si bien qu'à la banque de données de la Commission de Bruxelles, le nombre de mots français différents stockés se monte à au moins six ou sept cent mille. S'ajoute à cette pluralité des lexiques la diversité des niveaux de langue, même dans l'écrit : du discours académique aux *chats* ; et encore la variation proprement sociale. Donc, il y a beaucoup de « langues » françaises au sein du français. Ce qui n'empêche qu'il y a une relative unification de la langue : il y a une langue commune unifiée par l'enseignement et les médias. Cette langue commune est non seulement unifiée à l'écrit mais aussi à l'oral, ce qui est une nouveauté apparue il y a seulement quelques décennies, commençant vraiment dans les années soixante avec l'allongement du temps scolaire obligatoire. Voilà pourquoi si, au lieu de comparer la population très restreinte des collégiens et lycéens d'avant 1950 aux collégiens et lycéens d'aujourd'hui, en oubliant l'immense majorité des Français, notamment ruraux et ouvriers, qui n'allaient pas au lycée ni même au collège avant 1950, on compare l'ensemble de la population française d'aujourd'hui avec celle de n'importe quelle époque antérieure, on constate qu'en France le français se parle et s'écrit, en moyenne nationale, plus et mieux que jamais.

M. B. — *... Et l'anglais, ne l'enseigne-t-on pas également ?*

P. E. — En effet, et c'est un aspect beaucoup moins souligné de la politique linguistique de la France :

l'État, sans jamais le décréter ni le dire jusqu'en 2005, a généralisé, depuis une quarantaine d'années, l'enseignement de l'anglais. La République, après avoir appris à tous les Français le français, qui en moins d'un siècle est devenu leur langue maternelle à tous, s'est mise à leur enseigner l'anglais en langue seconde. Que les résultats aient longtemps été peu brillants ne doit pas faire oublier cette réalité : en France, comme dans toute l'Europe de l'Ouest, c'est l'État, et non des organismes étrangers comparables à l'Alliance française, qui a diffusé systématiquement la langue anglo-américaine. Guizot puis la IIIe et la IVe République ont peu à peu appris à lire et écrire le français (mais pas nécessairement à le parler sous la forme commune pour autant), à tous les petits Français : par le biais de l'école primaire, la seule alors obligatoire (dont les filles ont fini par bénéficier elles aussi), on n'a enseigné que le français, en faisant une guerre plus ou moins active aux autres langues de France. Sous la Ve République, en 1959, le gouvernement du général de Gaulle décide l'allongement du temps scolaire obligatoire et la totalité des enfants français va, en une décennie à peine, passer à l'enseignement secondaire. Dans le secondaire on enseigne une langue étrangère choisie par les parents des élèves ; de fait, principalement l'anglais. Aujourd'hui, il y a dans l'Éducation nationale nombre de professeurs d'allemand qui ne sont pas en fonction dans cette matière parce qu'ils n'ont plus d'élèves.

M. B. — *C'est curieux, pourquoi ?*

P. E. — Parce que les parents ne choisissent plus l'allemand pour leurs enfants, tout comme les parents allemands ne demandent plus le français, et pour les mêmes raisons. Dans toute l'Europe, l'ensemble des parents désire que ses enfants apprennent l'anglais, et de plus en plus tôt : aujourd'hui, en moyenne, on tend à y enseigner l'anglais dès l'âge de huit ans. Le général de Gaulle, donc, lui a ouvert tout grand notre porte.

M. B. — *Peut-on dire qu'il s'inclinait devant l'impérialisme ?*

P. E. — Non, devant la démocratie. La connaissance de l'anglais ne se généralise pas en France par l'action directe de l'impérialisme culturel américain, comme on le laisse parfois entendre. C'est une demande des parents — fondée sur l'estimation rationnelle que c'est la plus « utile » des langues — à laquelle répond la République, qui a pris l'initiative avec l'allongement du temps scolaire. Aujourd'hui 99 % des enfants apprennent l'anglais durant leur études secondaires. Les récentes propositions du rapport Thélot...

M. B. — *Qu'est-ce que le rapport Thélot ?*

P. E. — Le rapport Thélot sur l'école, en 2004, repris en partie dans la loi Fillon de 2005, disait explicitement qu'il fallait dès le primaire enseigner l'anglais comme un des « fondamentaux » de l'école, au même titre que le français ou le calcul. La loi euphémise, parle d'une langue étrangère, mais rien à craindre pour l'anglais : les parents rectifieront d'eux-mêmes. Si on enseigne l'anglais dès le primaire, à la longue on obtiendra le même type d'effet qu'a eu l'enseignement du français à ce niveau. Quand on a commencé à enseigner le français à tous les enfants de France, ce n'était pas la langue maternelle de la majorité d'entre eux. Encore en 1863, je le rappelais tout à l'heure, il y avait un quart des enfants qui ne parlaient pas français en arrivant à l'école.

M. B. — *Que parlaient-ils ?*

P. E. — Toutes les langues de France.

M. B. — *Le breton, l'alsacien ?*

P. E. — Plus le basque, le flamand, le francique mosellan, le franco-provençal, le catalan, le corse, et toutes les variétés des langues d'oïl et de la langue d'oc : l'ensemble des langues régionales. Aujourd'hui beaucoup de petits enfants qui sont issus de l'immigration arrivent à l'école avec deux langues « maternelles » : celle de leur mère et celle de leurs frères et sœurs ou cousins plus âgés qui sont déjà scolarisés, le français ; langue qui se trouve relayée aussi par la télévision. On va enseigner l'anglais à tous les petits Français et, peu à peu, en une ou deux décennies, avec le développement croissant de l'ensemble des communications en anglais, ils le parleront de mieux en mieux bien sûr — sans que le français en pâtisse d'ailleurs dans les domaines qu'il ne manquera pas de conserver : le bilinguisme, qui est la situation normale dans le monde, ne détruit pas les langues en contact. On constate déjà une grande amélioration chez les étudiants par rapport au niveau d'anglais de notre génération. Dans le cadre des échanges qui vont se développer, on peut supposer qu'au milieu du XXIe siècle une grande partie de la classe moyenne des Français parlera sans beaucoup de difficulté l'« anglais de communication internationale » (comme dit Thélot), qui n'est pas précisément la langue de Shakespeare.

M. B. — *Oui, pas un grand anglais.*

P. E. — Pas un anglais littéraire, pas un anglais cumulant l'histoire de la littérature anglaise. L'« anglais de communication internationale » n'est pas une langue à profondeur historique, pas non plus une langue maternelle mais c'est une langue seconde normale : une vraie langue, linguistiquement parlant, adéquate à ces emplois seconds. Ce qui est en train de disparaître en France sous les cris d'orfraie de ceux qui ne prennent pas de recul, c'est le monolinguisme des Français, posé en idéal national à partir de l'abbé Grégoire et de Barère, c'est-à-dire à partir de la Terreur. Ils ont instauré l'idéologie linguistique française qui exigeait qu'on sacrifiât toute autre langue maternelle que le français sur l'autel de la Nation. Jusque-là on avait un roi, une foi, une loi ; on a eu dès lors la Nation, la langue française et les droits de l'homme. L'échange était plutôt heureux, et n'imposait aucunement l'« anéantissement des patois » prôné par l'abbé Grégoire. Mais le français, chargé de symboliser l'unité nationale après la suppression du trône et la fin du monopole catholique de l'autel, a pris assez vite la figure d'une sorte de religion d'État en France. Pendant tout le XIXe et le XXe siècle, on a lié ici la nation française au seul français, et, réciproquement, le français à la nation française et à elle seule : qui pensait à la Belgique ou à la Suisse romande ou au Québec ? Puis, avec Jules Ferry, on a fait semblant de croire que la simple école primaire suffirait à assurer à chaque Français une maîtrise parfaite de la langue de Racine et de Chateaubriand — compétence réservée en réalité au tout petit nombre des jeunes gens qui accédaient aux classes terminales des lycées, et encore... Ceux qui imaginent que les hussards noirs de la République parvenaient à remplir ce programme devraient lire *La Grammaire des fautes* du grand linguiste genevois Henri Frei, établie à partir de correspondances de soldats français de la Grande Guerre.

M. B. — *Qu'est-ce qui a fait tourner le vent ?*

P. E. — L'histoire. Notre grande nation, impériale et colonisatrice, s'est retrouvée, en 40, une nation vaincue militairement, occupée, et sauvée quatre ans plus tard par le débarquement des soldats des nations anglophones. C'est à ce moment-là que le français perd définitivement sa position de langue internationale encore plus ou moins dominante. Contrairement à ce qu'on répète souvent, ce n'est pas, comme une vulgate marxiste qui s'ignore le ferait croire, la puissance économique qui est prioritairement en cause mais plutôt la puissance militaire (qui, bien sûr, n'est pas indépendante de la première, mais la réciproque n'est pas vraie). Je me souviens d'une conversation avec Georges Duby et Jean-Luc Godard, il y a déjà quinze ans, où Jean-Luc Godard interrogeait : « Pourquoi le cinéma américain s'est-il imposé au monde entier ? » On l'a laissé trancher bien sûr. Sa réponse : « Parce que les Américains ont lâché deux bombes atomiques en 45. Avec une seule, le cinéma ne passait peut-être pas partout, mais avec deux, c'était imparable... » Il nous avait convaincus. On oublie trop à quel point la diffusion de la culture est liée à la puissance militaire et à la puissance politique qui y est associée. C'est aussi la raison pour laquelle la domination internationale de l'anglo-américain n'aura qu'un temps, tout comme la superpuissance américaine. Dans un demi-siècle, l'équilibre politique mondial aura changé et l'équilibre linguistique également. Tout à l'heure tu évoquais le chinois, mais ce ne sera pas la seule langue à rejoindre l'anglais au premier plan des langues internationales, l'espagnol aussi et sans doute l'hindi, l'arabe... Il n'est pas exclu qu'alors l'ensemble des Européens, Français compris, fasse front commun pour tenter de conserver à l'anglais un rôle planétaire.

M. B. — *Le français a profité longtemps de la puissance de la France...*

P. E. — Le moment où le français est le mieux accueilli, c'est le moment où la puissance de la nation semble au service de l'universel. Aujourd'hui encore, on admet volontiers dans le monde que la langue française est porteuse de valeurs universelles : la langue française est réputée être « la langue des droits de l'homme ». C'est assez paradoxal parce que, bien entendu, la langue française en elle-même n'a aucune vocation particulière à servir ces valeurs-là plus que d'autres. La langue française a fait entendre les discours les plus contradictoires. C'est la langue de l'édit de Nantes et c'est la langue de la révocation de l'édit de Nantes. C'est la langue du Code noir et c'est la langue de la Déclaration des droits de l'homme. C'est la langue de l'appel du 18 juin 40 et c'est la langue des lois antisémites de Vichy en octobre de la même année. Certains prétendent encore discuter l'appartenance à la France de l'État français de Vichy, mais ce qui est indéniable c'est que cet État parlait le français, qui a été la langue de la collaboration en même temps que la langue de la Résistance. La langue française, comme les autres, peut exprimer à tout moment les valeurs les plus opposées. Mais sa chance singulière est que, pour la symboliser, le monde entier semble avoir choisi de ne retenir dans l'immense corpus des textes français que ceux qui étaient les plus riches d'avenir pour toute l'humanité : ceux qui posaient en termes inoubliables l'affirmation de l'universel.

M. B. — *On n'a pas manqué de s'en vanter...*

P. E. — J'ai même entendu un président de la République française prétendre que le français avait inventé le mot de *liberté*, qu'on rencontre déjà pourtant, pour la signification, avec celui de *fraternité*, dans une inscription d'Entemana, roi de Lagash, au pays de Sumer sur le territoire de l'Irak actuel, vingt-quatre siècles avant notre ère... Mais cette association du français à l'universel plutôt qu'à la nation ne s'est pas faite si facilement que cela en France même. J'aimerais te lire quelque chose. J'ai apporté ici le Montesquieu de la Librairie Hachette que possédaient tous les bacheliers au début du XXe siècle.

Ce sont des extraits des principaux écrits du philosophe. L'édition en est due à Camille Jullian de l'Académie française, professeur au Collège de France, républicain et très représentatif de l'idéologie commune de son temps. Il y donne ce texte exemplaire tiré des *Pensées* : « *Si je savais quelque chose qui me fût utile, et qui fût préjudiciable à ma famille, je la rejetterais de mon esprit. Si je savais quelque chose utile à ma famille, et qui ne le fût pas à ma patrie, je chercherais à l'oublier. Si je savais quelque chose utile à ma patrie, et qui fût préjudiciable à l'Europe, ou bien qui fût utile à l'Europe et préjudiciable au genre humain, je la regarderais comme un crime.* » Voilà Montesquieu, voilà l'esprit français du temps des Lumières : la pensée de l'universel primant sur le particulier, dont la patrie... Mais que susurre, en note, Camille Jullian ? « N'oubliez pas les tendances "européennes et humanitaires" de la philosophie du XVIIIe siècle (...). Il faut songer que, comme chez tous les philosophes de son temps, l'idée d'humanité étouffait parfois chez Montesquieu celle de patrie. » Mon père, de qui je tiens ce livre, a pu vérifier peu après, dans les tranchées, l'efficience de la revanche de l'idée de patrie sur celle d'humanité. Jullian et ses confrères avaient préparé le terrain. Et Claudel, bon élève, bombait avantageusement le torse poétique en 1915 : « *Tant que notre vocation éternelle sera de vous marcher sur la panse (...) Tant que vous voudrez mon général ! Ô France, tant que tu voudras !* » En langue franco-française.

M. B. — *Quelle année, la note de Camille Jullian ?*

P. E. — 1896. Ces fameux Classiques Hachette à dos vert-de-gris ont été réédités pendant des décennies. On est dans la IIIe République, à la fois colonialiste et revancharde. Ce temps de la fétichisation des États-Nations qui a conduit aux grandes catastrophes européennes du XXe siècle. Mais Jullian est oublié et Montesquieu appartient au patrimoine le plus précieux de la langue française, dont la meilleure chance aujourd'hui est, à mon sens, de disposer de phrases comme celles-là que je répète pour le plaisir : « Si je savais quelque chose utile à ma patrie et qui fût préjudiciable au genre humain, je la regarderais comme un crime. » On aimerait la faire apprendre à tout chef d'État.

M. B. — *Même traduite en anglais...*

P. E. — Elle l'a été, traduite. L'ensemble des discours français du siècle des Lumières, du temps où la France a pensé l'universel et non pas la patrie, a été réactivé notamment par l'action de René Cassin qui a réussi à imposer la Déclaration universelle des droits de l'homme en 1948 à partir de la Déclaration française de 1789. Dans le monde entier on met au crédit de la langue française d'avoir fait entendre ces discours-là, en dépit des vociférations des patriotes chauvins comme des notes de tous les Jullian dynamitant en bas de page les textes qu'ils sont censés servir. Les langues n'ont intrinsèquement rien à voir avec les discours qu'elles accueillent et les valeurs qu'ils expriment ; mais, c'est ainsi que se fait l'histoire du monde, on lie les langues à certains seulement des textes qu'elles ont engendrés : la langue grecque à la philosophie, la langue française à l'universalisme de la philosophie des Lumières, et pas seulement sous des plumes de nationalité française : voir les Suisses Jean-Jacques Rousseau, Benjamin Constant et Germaine de Staël. La langue française est audible par tous quand elle oublie son lien à la nation ; elle est entendue dans le monde entier quand elle parle pour le monde entier.

M. B. — *Quelle est la dernière fois dans l'Histoire où le français a été entendu de manière universelle ?*

P. E. — C'est très proche : aux Nations unies en janvier 2003, quand Dominique de Villepin, alors ministre des Affaires étrangères, faisait entendre en français la voix de l'universel sur le refus de la guerre, excepté comme *ultima ratio*, avec en arrière-plan le projet de paix perpétuelle cher aux Lumières. Applaudi dans la salle, écouté dans le monde entier, il réinscrivait ce jour-là la langue française dans son image enviable de langue parlant pour tous les hommes et non pas d'abord pour la ou les nations où elle est établie.

M. B. — *On n'a pas parlé comme cela depuis quand ? Depuis le général de Gaulle, depuis Mendès France ?*

P. E. — Pour retrouver la possibilité d'un tel discours, il fallait que la France ait mené à terme la décolonisation. De Gaulle a tenu le discours de l'universel à Phnom Penh, et Mitterrand à Cancún.

M. B. — *Puisque tu sembles estimer que cette image la favorise, reviens donc au rang de la langue française dans les langues du monde.*

P. E. — Il y a entre cinq et six mille langues dans le monde. C'est très difficile à savoir exactement parce que les mêmes langues portent des noms divers et, pour les très petites communautés linguistiques, les informations ne sont pas sûres.

M. B. — *Il en meurt tous les ans...*

P. E. — Il y en a beaucoup qui disparaissent en effet : la plupart des langues du monde sont parlées par de petits, si ce n'est très petits groupes, longtemps parfaitement isolés, dont la pérennité est gravement compromise dans notre monde décloisonné. Parmi ces milliers de langues, en nombre de locuteurs maternels, la France est, dit-on, au onzième rang. Il y a plus de six milliards d'humains et le français est parlé maternellement par environ quatre-vingts millions de personnes. En langue seconde, nous revendiquons officiellement cent quatre-vingts millions de locuteurs, ce qui mettrait le français au neuvième rang. Il y a également un certain nombre de locuteurs qui l'utilisent occasionnellement, notamment dans nos anciennes colonies, comme langue des échanges, du tourisme. Au total, il y a probablement deux cent cinquante millions de personnes qui parlent plus ou moins notre langue. Mais le français est au tout premier rang des langues enseignées dans le monde : elle l'est dans tous les pays sans exception. Une autre donnée sociolinguistiquement déterminante, mais qui souligne l'inégalité sociale prévalant parmi les langues comme parmi les locuteurs, porte sur la différence entre le nombre des locuteurs et leur place dans la société mondiale. Le français est parlé dans le monde par beaucoup moins de locuteurs que l'espagnol ou le portugais, mais ces locuteurs appartiennent beaucoup plus aux classes dominantes que ceux du portugais ou même de l'espagnol. Il y a une différence entre les « langue de masse » et les « langues de culture ». Internationalement, le français n'est pas une langue de masse mais reste, notamment en langue seconde, une langue de culture et même de haute culture : « de prestige ». Ce qui conforte son statut de langue diplomatique, encore effectif à l'ONU malgré certains reculs.

M. B. — *Cela tient à l'Histoire, ou cela tient aussi à la structure ? L'espagnol est peut-être plus facile à apprendre que le polonais ?*

P. E. — Les structures des langues n'y sont pour rien. L'anglais n'est pas une langue plus facile que les autres. L'espagnol s'est répandu par la conquête de l'Amérique latine. Pourquoi parle-t-on le portugais au Brésil ? Il saute aux yeux que cela n'a strictement rien à voir avec la structure de la langue, mais seulement avec la colonisation portugaise. Louis XV avait laissé l'Inde à la langue anglaise et c'est en partie parce que Napoléon a vendu la Louisiane que l'anglais, au XIXe siècle, a pris toute la place aux États-Unis. Le développement universel de l'anglo-américain au XXe est inséparable de la victoire américaine en Europe et en Asie en 1945 : les deux bombes atomiques... L'Armée rouge avait aussi ouvert au russe les pays de l'Est ; il en est reparti avec elle. Ces expansions linguistiques sont directement liées à l'histoire politique. On doit ajouter cependant que l'anglais est une langue remarquablement facile pour l'Europe de l'Ouest, parce qu'elle est pour partie germanique et pour partie romane. C'est, pour cette région du monde, une vraie langue-pont.

M. B. — *Une langue-pont ?*

P. E. — Elle fait passerelle de l'une à l'autre de ces deux familles linguistiques. Parce qu'elle est hybride : elle a des structures d'origine germanique et un vocabulaire largement roman. Mais l'expansion de l'anglais est générale dans le monde entier et nouée à la surpuissance militaire, politique et économique des États-Unis. Quand George W. Bush envahit l'Irak avec le soutien de Tony Blair, ces deux dirigeants du monde anglo-saxon confortent la position de leur langue dans le monde, au moins dans le temps éphémère de leur apparente victoire. Ce que les locuteurs attendent des langues, et spécialement des langues qu'on choisit, les langues secondes, c'est la puissance. Mais il y a différentes formes de puissance et le français, outre la bombe atomique et un siège au Conseil de sécurité des Nations unies, est doté d'une énergie exceptionnelle, ce cadeau formidable que nous ont fait les générations précédentes : une des plus grandes littératures qui soient. Avec précisément nos écrivains philosophes des Lumières et tous ceux dont les œuvres permettent l'identification de la langue française aux valeurs universelles qu'elles expriment : Gide, Sartre, Camus, Saint-Exupéry et tant d'autres. C'est un patrimoine qui vaut pas mal de chars et de « marines ». Il paraît que *Le Petit Prince* est un des livres les plus diffusés dans le monde.

M. B. — *C'est à cause des baobabs.*

P. E. — Je t'accorde que les dessins de l'auteur n'y sont certainement pas pour rien. Il est surtout lu en traduction. Point qui mérite qu'on s'y arrête. Les langues et les cultures sont beaucoup plus indépendantes les unes des autres qu'on ne le croit. Une langue peut porter toutes les cultures écrites par le moyen de la traduction, et une culture peut être portée par toutes les langues, par le même moyen. On en a la démonstration par excellence avec le christianisme. Jésus de Nazareth parlait l'araméen occidental. Ses paroles ont été rapportées en grec et sont aujourd'hui traduites dans plus de deux mille langues du monde sur les cinq ou six mille qui existent encore : toutes les langues écrites ; et beaucoup de langues n'ont été écrites, par des missionnaires chrétiens, que pour la Bible. C'est donc une culture religieuse majeure diffusée dans toutes les langues importantes du monde — sauf dans sa langue d'origine, qui n'est pratiquement plus parlée (excepté, sous une forme très évoluée, dans deux ou trois villages syriens de l'Anti-Liban) : qui soutiendrait que la culture chrétienne est inséparable de la langue dans laquelle elle est née ? Inversement, une langue comme le français a porté, et portera dans l'avenir, les cultures les plus variées. Il accueille en traduction toutes les littératures, il suffit de jeter un œil sur le catalogue de la Pléiade (la collection...). Il donne accès, surtout depuis la Réforme, à la culture chrétienne longtemps diffusée en France dans le seul latin. Il transmet aussi, également en traduction, la culture juive, la culture islamique et celle de bien d'autres religions. Le chinois a exprimé la culture marxiste pendant trois ou quatre décennies, le russe quelques décennies de plus. La culture psychanalytique, que Freud initie en langue allemande, s'est répandue dans bien des langues, et a trouvé dans le français de Lacan une expression originale — aujourd'hui intégralement disponible en slovène... Les langues ne sont pas liées à des cultures ni les cultures à des langues par essence, mais par accident, par l'histoire.

M. B. — *Pourtant, on a pu dire que la philosophie d'Aristote correspondait aux catégories fondamentales de la langue grecque, ou remarquer que les Esquimaux disposaient d'un nombre exceptionnel de termes pour décrire la neige...*

P. E. — C'est la question du relativisme linguistique posée par la théorie dite de Sapir-Whorf : la langue comme vision du monde. C'est un long débat qu'on pourrait reprendre un autre jour. Je me borne pour l'instant à une réponse simple : les langues sont toutes traduisibles, mais non sans reste. La traduction n'est pas neutre : quand je dis qu'une langue « porte » une culture, je triche : elle lui donne forme et la colore, la modifie. Mais transmettre c'est toujours cela, même dans une seule langue, c'est toujours interpréter, traduire... Le grec n'est pas seulement la langue de Platon. C'est aussi la langue dans laquelle on a connu en Occident la Bible hébraïque : la Bible des Septante, traduction réalisée dans la diaspora juive méditerranéenne entre le IIIe et le Ier siècle avant Jésus-Christ sans laquelle Paul n'aurait jamais pu répandre, en grec, le christianisme. Les cultures depuis toujours se transmettent par la traduction : c'est au deuxième millénaire avant J.-C. qu'apparaissent les premiers textes bilingues, sumérien-akkadien, pour la transmission de la religion sumérienne. Chacun sait ce que l'allemand moderne doit à la Bible de Luther : ce qui deviendra la langue de Goethe et de Hölderlin, de Kant et de Hegel, de Marx, de Nietzsche et de Wagner mais aussi de *Mein Kampf*, prend son essor dans une traduction de textes hébreux et grecs, à partir donc d'une culture radicalement non germanique. Les traductions font intégralement partie de l'histoire d'une langue et de son corpus littéraire.

M. B. — *Et pourtant, à défaut du sens, on perd quelque chose d'ineffable en traduction, un son, un parfum, comme le plus intime de l'identité d'une langue...*

P. E. — Un peu partout dans le monde, quand on applaudit Molière, ce n'est pas en français qu'on l'a entendu. Si Jean-Paul Sartre était le philosophe le plus célèbre au monde de son vivant, c'est dans toutes les grandes langues qu'on le lisait, qu'on jouait son théâtre et qu'on devenait « existentialiste ». Il faut penser ensemble deux choses qui paraissent souvent antinomiques. D'une part le français est incontestablement lié à sa culture, et la langue française se maintient en partie à cause de sa culture littéraire (qui comprend les traductions en français), laquelle n'est intégralement reçue que sous sa forme originelle ; d'autre part, et tout aussi indiscutablement, les cultures sont séparables de leurs langues d'origine, moyennant transformation (et reste, donc déperdition) et ça vaut évidemment pour la littérature française. C'est une relation dialectique qu'il ne faut jamais perdre de vue.

M. B. — *Et la traduction peut mener à la culture originelle.*

P. E. — Le cinéma américain en offre un exemple frappant. Si les parents ont tellement désiré l'anglais pour leurs enfants, dans toute l'Europe occidentale, depuis un demi-siècle, c'est principalement pour deux raisons. La victoire militaire des Anglo-Saxons d'abord, déjà évoquée. L'allemand a reculé en Europe parce qu'il était devenu la langue du vaincu. Et je pense que le français s'est effondré comme première langue étrangère scolaire parce que c'était également une langue de vaincus : la 2e DB n'efface pas mai 40. Mais l'autre point d'impact majeur de la culture américaine a été le cinéma. Premièrement, il y a la domination militaire et, deuxièmement, la puissance d'imposer des représentations et des images au moment même où l'image ne cesse de croître en importance. Quelle a été la stratégie linguistique du cinéma américain ? Hollywood a eu une idée de génie. Les studios ont choisi que leur cinéma se diffuse dans toute l'Europe continentale (et le monde) dans les langues de l'Europe et jamais en anglais : ils ont doublé (c'est-à-dire traduit oralement) tous leurs films ; et, simultanément, ils ont réussi à faire que le cinéma européen soit diffusé chez eux presque exclusivement dans nos langues : en VO sous-titrée (c'est-à-dire en traduction écrite), ce qui les privait de public. Résultat : croissance en flèche de la demande d'anglais chez les parents d'élèves européens. C'est en lâchant leur langue que les Américains l'ont propulsée : au lieu de chercher à diffuser leur langue, ils ont imposé leurs images, nous ont fait rêver leurs rêves, et à partir de leurs films mais aussi de leurs musiques, du jazz et ensuite du rock, s'est créé un incoercible désir de culture américaine ; et les Européens ont voulu faire apprendre l'anglais à leurs enfants. Ce détour est fascinant. Pour propager la langue française, il aurait peut-être mieux valu faire parler à nos films, par doublage, toutes les grandes langues, à commencer par l'anglais et l'espagnol, plutôt que de chercher à répandre directement le français avec des films parlant français sous-titrés, comme on fait encore aujourd'hui dans nos Instituts culturels. Leçon magistrale. Il faut qu'il y ait du désir pour une langue. Et là aussi le désir naît du manque.

M. B. — *Après la politique et l'art militaire, la séduction...*

P. E. — Je pense que quand Villepin parlait son français des Lumières à l'ONU, il conduisait à penser que le français manque dans ce monde anglicisé ; il faisait renaître du désir pour le français. Un peu partout, je suppose, des gens ont eu envie que leurs enfants parlent la langue d'un pays capable de s'adresser ainsi au monde, réactivant une image latente de la langue et de la culture françaises.

M. B. — *Une image qui n'est pas si trompeuse...*

P. E. — Cette richesse culturelle particulière, ce corpus de textes écrits qui ont « sublimé » un moment de l'histoire des valeurs universelles, est un patrimoine sans pareil. C'est dans la défense de ce patrimoine et sa diffusion que la langue française trouve sa plus forte capacité à continuer à être une grande langue internationale malgré son nombre relativement faible de locuteurs natifs. D'ailleurs, les textes « universels » tirent les autres, si je puis dire, et c'est toute la culture française, l'ensemble des écrits en français qui, pour moi, est la meilleure chance de la langue.

M. B. — *Les ombres de Diderot, Rousseau et leurs amis, fantômes de ce jardin, jubilent à t'entendre. Reste à savoir où l'on place exactement aujourd'hui les bornes de l'« universel », même s'il devrait ne pas y en avoir théoriquement. Disons que l'univers a changé de forme après Einstein et Planck.*

P. E. — On peut penser que notre vision de l'universel reste régionale comme disait Ricœur, mais je ne m'engagerai pas sur ce chemin difficile. Plus pragmatiquement, pour un maintien heureux du français en France et dans le monde, je vois différentes stratégies à mettre en œuvre. En France, bien sûr, il faut faire tout le possible pour que le français reste une langue de plein emploi. Par exemple : qu'il reste une langue scientifique nationale, utilisée dans tous les domaines de l'enseignement. Mais, à part de rarissimes domaines comme les mathématiques, il est absurde de se battre pour qu'elle redevienne une langue scientifique internationale de la recherche : ce combat a déjà été perdu, sans retour. Les Allemands acceptent que les étudiants rédigent, en Allemagne, leur thèse en anglais. Nous, nous refusons et je crois que nous avons raison. Je ne sais pas si nous pourrons tenir longtemps, mais nous avons là un premier principe : que le français reste en France une langue de plein emploi, c'est-à-dire la langue de la culture, de la science, du droit, de l'économie, de la diplomatie, etc., aussi longtemps qu'il sera possible. Même s'il est clair que nous perdons déjà du terrain en certains domaines.

En Europe, le but est de conserver les positions officielles (à Bruxelles, à Strasbourg) mais aussi de maintenir ce qu'il reste de positions du français comme langue seconde, et de tenter de regagner là un peu du terrain perdu. Cela suppose de passer des accords avec d'autres langues européennes, l'allemand certainement mais aussi l'espagnol, l'italien, le portugais et bientôt le roumain, toutes ces langues romanes si proches de la nôtre. C'est une stratégie d'alliances qui s'impose. Il faut admettre qu'avant longtemps la langue des échanges linguistiques intereuropéens sera majoritairement l'anglais — c'est déjà le cas pour la recherche scientifique par exemple. Il ne faut pas en conclure que cela signifie que l'anglais est ou sera la langue de l'Europe. Pas du tout : le marché linguistique étant, lui aussi, un marché mondialisé, l'anglais est pour une bonne partie encore de ce siècle, sans doute, la principale langue internationale du monde, l'Europe n'y faisant pas exception.

M. B. — *D'ailleurs, ce n'est pas notre souci premier. Le fait, pour l'anglais, ou une certaine forme de l'anglais, de devenir une langue mondiale ne signifie-t-il pas à terme la mort de cette langue ?*

P. E. — La mort, je ne pense pas. Mais le lien avec la littérature anglaise classique semble perdu.

M. B. — *Voilà. Une telle extension ne peut correspondre qu'à une dilution.*

P. E. — Oui. Le français est répandu partout, et partout où il est enseigné, il garde autant que possible son lien avec la « haute culture » française, alors que l'anglais qui est diffusé internationalement est délié de la « haute culture » anglaise. Dans les années soixante, sous de Gaulle et Pompidou, le ministère des Affaires étrangères semble avoir rêvé le français comme langue internationale de masse ; on a essayé cela en Argentine, par exemple, par accords officiels, dans l'enseignement public, avec les techniques utilisées pour enseigner l'anglais : en visant essentiellement l'usage oral du français standard contemporain. En pure perte, parce que les parents argentins savaient bien que, comme langue parlée, le marché du français était restreint.

Le français se maintient, au moins partiellement, en tant que langue de « haute culture ». Son destin actuel dans le monde c'est apparemment d'être choisi comme langue « chic » (c'était le slogan affiché sur les bus de Strasbourg en 1945 : « C'est chic de parler français »...) mais pourquoi associer négativement cet aspect de la langue aux vins, aux parfums ou à la haute couture ? Le français est une langue « distinguée » dans le monde, mais parce que ses grands textes la distinguent des autres. Ce n'est pas une langue qui rapporte, mais une langue qui apporte quelque chose de tenu pour exceptionnel.

M. B. — *Et la francophonie ?*

P. E. — L'existence même de la francophonie rappelle constamment à la France, seule nation officiellement unilingue de la francophonie, que le français ne peut se maintenir que s'il admet la coexistence avec d'autres langues. Ce qui est vrai en France même : la grande enquête de l'INED et de l'INSEE, que j'ai citée tout à l'heure, établit que les parents des Français vivants en 2003 en métropole leur ont transmis quatre cents langues maternelles au cours du XXe siècle.

M. B. — *Quels genres de langues ?*

P. E. — Toutes les langues régionales dans toutes leurs variétés, mais aussi toutes les langues issues de l'immigration, les langues africaines, toutes les langues d'Europe. Dans le métro, on entend des centaines de langues. En France métropolitaine, aujourd'hui, les langues historiques de la France, les langues régionales ont très peu d'utilisateurs. En revanche, il y a d'autres langues qui ont beaucoup de locuteurs français : l'arabe maghrébin, le berbère, les créoles, et même le romani des Tsiganes. Pendant longtemps en France on a pensé que l'excellence humaine s'incarnait dans le monolingue parlant français. En fait, il n'existe pratiquement pas de vrai monolingue parmi les humains : nous avons tous accès, au moins passivement et partiellement, à d'autres langues, mortes ou vivantes. L'état normal de l'humanité c'est le multilinguisme, l'immense majorité du monde comprend et/ou parle plus ou moins bien plusieurs langues — et les Français comme les autres mais sans le savoir, car ils considèrent généralement que n'est bilingue que celui qui maîtrise parfaitement deux langues, cas très minoritaire. Si la francophonie consistait à s'enfermer dans un ghetto francophone, elle serait mortifère. Mais les Français sont-ils prêts à s'intéresser aux autres langues des francophones ? Quoi qu'il en soit, l'ensemble des francophones, auxquels on oppose toujours la moindre « utilité » du français par rapport à l'anglais ou au chinois, ne devrait pas oublier que l'inutilité économique de leur patrimoine littéraire français en fait pourtant tout le prix.

M. B. — *Patrimoine qu'il nous reste à enrichir encore, à notre tour.*

P. E. — Tu parles en écrivain, et me suggères cette question : dans un siècle, dans cinquante ans, est-ce que les écrivains, nés en France, de langue maternelle française, choisiront le marché linguistique francophone ou les marchés linguistiques anglophone, hispanophone ou sinophone pour leurs œuvres ? Écriront-ils toujours en français ? Il est très possible que, dès le milieu du siècle, le français ne soit plus, en France même, une langue de plein emploi, c'est-à-dire qu'il y ait des domaines, en économie ou ailleurs, où on ne l'emploiera plus. Mais cela n'a peut-être pas une importance décisive. Quand le français moderne s'est développé, à la fin du XVIe siècle, ce n'était pas du tout une langue de plein emploi, le latin régnait dans l'église catholique et dominait encore l'université, les langues régionales l'emportaient partout à la campagne ; mais le français avait pour lui la force des « esprits éclairés »...

M. B. — *Mais redis-moi ce qu'est une langue de plein emploi ?*

P. E. — Une langue qui couvre tous les domaines comme actuellement le français en France, tous les marchés linguistiques possibles, c'est-à-dire tous les lieux, concrets ou abstraits, où s'échange du langage : étatique, économique, scientifique, culturel, religieux, familial, matrimonial... Au moment, donc, où la littérature française classique prend son essor, aux XVIe et XVIIe siècles, il y a énormément d'endroits en France où le français ne pénètre pas. Il ne pénètre pas dans les fermes basques, bretonnes ou gasconnes, bien sûr, mais il ne pénètre pas non plus à l'église, il ne pénètre pas à la Sorbonne, et les collèges des jésuites donnent, en principe du moins, jusqu'à leur interdiction, en 1762, leur enseignement en latin. Et ce n'est pas parce que le français ne serait pas, à l'avenir, maître de tous les domaines de l'expression en France que cela empêcherait une grande littérature de se développer, au contraire. Un dernier paradoxe : c'est après 1960, au moment où le français a complètement triomphé en France de toutes les langues régionales concurrentes, où on le fait intégrer par tous les enfants sur le temps long de l'enseignement obligatoire et avec le relais du développement généralisé de la télévision, c'est à ce moment-là que commence à faiblir la reconnaissance mondiale de la littérature française contemporaine. Les derniers écrivains français prix Nobel de littérature appartiennent à une génération qui était tout entière encore vivante quand j'étais enfant : à la fois Gide et Claudel et Mauriac et Saint-John Perse et Sartre et Camus et Claude Simon, le benjamin, vivant tous à Paris, se croisant rive gauche aux cocktails littéraires. Cette génération d'écrivains qui avaient tous une diffusion internationale — et dont font aussi partie Aragon et Malraux que leurs engagements politiques respectifs ont probablement privés du Nobel — avait été élevée dans une France où une partie non négligeable de la population n'avait pas le français pour langue maternelle. Mais quand la langue française, après la Seconde Guerre mondiale, s'est finalement imposée à tous les Français comme langue de la transmission maternelle, quand elle est devenue langue de plein emploi sur tout le territoire, quand elle a pénétré, par la télévision, la moindre ferme auvergnate ou provençale, où jusque-là n'avait guère retenti l'accent du 7e arrondissement, et qu'on s'est mis soudain, en 1974, à y voir et entendre Valéry Giscard d'Estaing prononcer son inimitable « Chères Françaises, chers Français », eh bien, à ce moment-là, étrangement, notre littérature semble avoir perdu en force. Du moins, elle n'a plus reçu la même reconnaissance internationale. Avait-elle besoin de la coexistence des autres langues historiques de la France pour avoir le désir de se faire reconnaître ?

M. B. — *C'est un paradoxe intéressant.*

P. E. — J'en infère, en optimiste, que la présence en France d'un peu plus d'anglais pourrait réveiller la littérature de langue française. Que Jonathan Littell, anglophone natif ayant grandi en France, ait choisi d'écrire en français son grand livre, *Les Bienveillantes*, destiné à une audience internationale, me paraît aller dans ce sens.

M. B. — *Nous pourrons en reparler aux Tuileries.*

II

Aux Tuileries

MICHEL BRAUDEAU — *Dessinés par Le Nôtre, encore hantés des bruits et fureurs de la Révolution et de la Commune, les jardins des Tuileries où nous déambulons aujourd'hui sont le seul vaste espace public de Paris qui soit encore propriété de l'État. Ils s'imposent donc pour aborder avec toi la langue de l'État. Depuis quand le français est-il la langue officielle de la France ?*

PIERRE ENCREVÉ — Constitutionnellement parlant, depuis très peu de temps : l'introduction de l'alinéa idoine dans la Constitution, « La langue de la République est le français », ne date que de juin 1992. Les députés avaient cru pouvoir prétendre, sans égard aux autres pays francophones, que « Le français est la langue de la République », mais le Sénat, assailli de protestations, a rectifié, et le Congrès a suivi. Le traité de Maastricht a donc fourni l'occasion, deux siècles après la Ire République, de conformer solennellement la Constitution française à celle de la principauté de Monaco. L'Allemagne, elle, résiste encore à l'exemple du Liechtenstein...

M. B. — *Ce sont des lions. Et, d'après Schopenhauer,*

nous ne sommes que les singes de l'Europe... Peut-on parler pour la France d'une « langue d'État » ?

P. E. — Oui, et bien avant la République. On invoque classiquement « 1539 », date symbolique. Il y avait déjà eu des ordonnances allant dans le même sens, particulièrement celle de Louis XII en 1510, mais on a pris l'habitude de retenir la fameuse « Ordonnance du Roi sur le fait de justice » signée par François Ier le 10 août 1539 au château de Villers-Cotterêts. Ce qui est d'abord en cause dans les deux articles concernant la langue, sur les cent quatre-vingt-douze de cette ordonnance, rédigée par le chancelier Poyet, c'est l'abandon de la langue latine par le pouvoir temporel, qui va promouvoir *sa* langue, distincte de celle du pouvoir spirituel. À cette époque, le latin est la plus puissante langue de culture du monde, celle de l'Église et donc de l'Université. Désormais, c'est la langue royale, qui n'avait cessé de se codifier dans les siècles précédents, qui devra être employée dans tous les actes juridiques.

M. B. — *Ainsi, Villers-Cotterêts impose la langue du roi sur tout le territoire.*

P. E. — C'est ce qu'on a l'habitude de dire et, de fait, c'est bien le cas. Mais quand on lit de près cette ordonnance — qui vise, comme le roi l'écrit en préambule, à « *aucunement pourvoir au bien de nostre justice, abbreviation des proces et soulaigement de noz subiectz* » —, elle s'avère soutenir une thèse bien différente. Ce beau texte, que j'aimerais que nous reproduisions dans son écriture originale, ne serait-ce que pour faire prendre conscience des fluctuations de la graphie du français, allègue que le roi choisit la langue de ses sujets : « *Et affin quil ny ayt cause de doutbter sur lintelligence desd. arrestz nous voulons et ordonnons quilz soient faictz et escriptz si clairement quil ny ayt ne puisse avoir aucune ambiguite ou incertitude ne lieu a en demander interpretacion.*

» *Et pource que telles choses sont souventesfois advenues sur lintelligence des mots latins contenuz esd. arrestz nous voulons que doresnavant tous arrestz ensemble toutes autres procedures (...) soient prononcez enregistrez et delivrez aux parties en langaige maternel francoys et non autrement.* » Le problème est donc présenté en sens inverse : le latin étant une langue étrangère pour les Français, pour « pourvoir à [leur] soulagement » il faut que les actes publics soient rédigés dans la langue maternelle française de sorte que les textes n'aient plus besoin d'interprétation et que disparaissent incertitudes et ambiguïtés.

M. B. — *Parce que, du temps de François Ier, il fallait un clerc, quelqu'un d'instruit, pour expliquer le texte au* vulgum pecus, *qu'on l'appelle « le peuple », les « couches laborieuses » ou maintenant les « vraies gens », ce qui laisse entendre qu'il en est de faux comme certains électeurs...*

P. E. — Aussi longtemps que c'était en latin, l'immense majorité des gens n'y comprenaient goutte. Cette idée vient de l'entourage « éclairé » de François Ier.

M. B. — *« Protestant », tu veux dire ?*

P. E. — Au sens strict, non, mais proche des réformés, comme l'était Marguerite de Navarre, sœur du roi, peut-être. Humaniste en tout cas. Des gens qui sont conscients de la modernité apportée par la Réforme, avertis que la langue allemande est en train de se constituer autour de la traduction de la Bible due à Luther. Et qu'en France aussi, grâce à la traduction de Lefèvre d'Étaples et à celle, parue à Neuchâtel en 1535, de Pierre Robert dit Olivétan, qui a appris l'hébreu auprès de Vatable au Collège des lecteurs royaux créé précisément par François Ier en 1530, on lit la Bible en français — en dépit des récents édits pris par le roi très-catholique à la suite de l'affaire des Placards. Calvin, qui vient de publier son *Institutio religionis christianae,* la fera paraître en français à Strasbourg dès 1541. Tout cela fait partie d'une lutte globale contre le latin pour faire une place au français parmi les langues de cultures. Tous les esprits modernes vont choisir le français. En 1549, ce sera *La Deffence et Illustration de la langue francoyse,* qui, quoique partiellement empruntée à Sperone Speroni, est le premier grand manifeste littéraire français contre la domination du latin, mais aussi du toscan, dans l'écrit ; tant il est vrai qu'en France la littérature et le pouvoir n'ont cessé de se donner linguistiquement la main : l'exception Mistral est si stupéfiante qu'elle a bénéficié d'un prix Nobel. En 1539, le pouvoir royal décide d'imposer, dans les actes publics et sur tout le territoire qu'il contrôle, la langue qu'il pratique. Mais, au lieu d'engager les locuteurs à se soumettre à son choix, il choisit habilement d'énoncer : Je vais parler, moi l'État, la langue de mes sujets.

M. B. — *Ce qui paraît une stratégie intelligente, en tout cas, pour un roi : le semblant démocratique...*

P. E. — Évidemment, la vérité sociologique et politique est tout autre. La qualification de « maternel francoys », pour le langage en question, est une sorte d'oxymoron à cette date. Il ne devait pas y avoir, à l'époque, vingt pour cent des sujets du roi parlant français, et pas nécessairement par transmission maternelle. Très peu de francophones à la campagne ; mais dans les villes le français ne cessait de gagner du terrain, même ailleurs qu'en pays d'oïl, quoique plus lentement. De sorte qu'outre le latin, Villers-Cotterêts, en fait, dispute à la langue d'oc le domaine de l'écrit. Tout comme l'alinéa 1er de l'article 2 de notre Constitution, sous couvert de nous « protéger » de l'anglais, n'a d'efficacité réelle que de justifier l'interdiction de la ratification de la Charte européenne des langues régionales ou minoritaires.

M. B. — *Au XVIe, les paysans, c'est-à-dire l'immense majorité de la population, que parlaient-ils ?*

P. E. — Toutes les langues régionales, soit, dans la France de 1539, à peu près toutes les langues d'oïl, mais aussi le breton, le franco-provençal en Savoie et en Isère, et les diverses variétés de la langue d'oc dans le Sud, plus le basque. Comme je te le rappelais l'autre jour au Palais-Royal, l'abbé Grégoire, deux siècles et demi plus tard, après une petite enquête par écrit auprès des lettrés de province (quarante-neuf notables seulement ont répondu à cette première enquête linguistique de notre histoire), concluait qu'il n'y avait pas plus d'un cinquième des Français qui parlaient le français. Il n'avait aucun moyen scientifique pour fonder cette évaluation subjective et on peut penser qu'il noircissait intentionnellement le tableau ; mais, en tout état de cause, en 1539 il devait y avoir encore nettement moins de francophones en France, essentiellement concentrés dans les villes. Le plus intéressant, j'y insiste, c'est l'argumentaire de Villers-Cotterêts : l'État décide de parler la langue de ses sujets. Et non pas : les sujets doivent se plier à la langue du pouvoir, comme le soutiendront précisément, en 1794, le terroriste Barère et Grégoire lui-même. Alors que, jusque-là, la Révolution avait privilégié la diversité linguistique : depuis 1790 toutes les langues de France étaient langues de la nation et, depuis 1792, de la République. C'est l'attitude royale affichée en 1539 — qui, en l'occurrence, n'était pas dénuée d'hypocrisie puisqu'elle niait la diversité linguistique des sujets du roi — que rejoint aujourd'hui la réflexion sur la langue de l'État, dans unc situation où la mauvaise foi est exclue puisque la communauté linguistique est aujourd'hui unifiée : l'État démocratique est-il fondé à parler une langue hermétique, un français certes mais accessible aux seuls spécialistes, comme il fait si souvent dans les textes administratifs, les textes juridiques, les textes de lois, sans oublier les traités constitutionnels ? Ou bien doit-il s'exprimer dans la forme commune de la langue nationale ?

M. B. — *Il y avait une langue militaire, au temps du service obligatoire. Quand j'étais jeune, j'avais trouvé chez des amis à la campagne un vieux manuel d'instruction militaire et nous en apprenions par cœur les questions absurdes, en particulier celle-ci : « La qui est la reine de quoi ? », dont la réponse espérée du soldat était : « L'infanterie est la reine des batailles. » À ta liste, tu peux rajouter la langue des gens de robe, le jargon des tribunaux, les « Attendu », « Vu » et autres « Considérant »...*

P. E. — Le langage judiciaire, bien sûr. Une bonne

partie des expressions qu'on emploie couramment dans les tribunaux — dont les formules latines : « Le procès est ajourné *sine die* » et tant d'autres — violent sans vergogne l'ordonnance de Villers-Cotterêts, qui a pourtant toujours force de loi en France. Latin mis à part, se pose la question tout à fait générale de la langue de l'État aujourd'hui. Parce que le français juridico-administratif et plus encore le français judiciaire sont devenus, pour les francophones qui n'en sont pas spécialistes, un nouveau latin, depuis déjà bien longtemps. L'État entend-il de nos jours utiliser la langue de l'ensemble des Francais, qui ne sont plus des *subiects* assujettis mais, en principe, des sujets actifs de leur propre histoire politique, ou bien préfère-t-il continuer à utiliser sa propre variété de la langue française, au risque des *incertitude, ambiguites,* et besoins d'*interpretacion,* proscrits, en droit, depuis 1539 ? Je rêve parfois d'une action en justice de millions de citoyens visant l'application effective, sur ce point, de l'ordonnance de François Ier... Question sérieuse pour une démocratie, qui se pose dans tous les pays ayant une longue tradition d'écriture. Dans l'ensemble de l'Europe et aux États-Unis, depuis maintenant une vingtaine d'années, la nécessité de rapprocher la langue administrative de celle des citoyens est devenue cruciale, et la France elle-même s'y est attaquée. En Grande-Bretagne, depuis 1999, les formules latines, archaïques ou désuètes ont été bannies même des cours de justice.

M. B. — *Si je ne m'abuse, tu as fait partie d'une Commission chargée d'examiner les problèmes liés à la langue administrative ?*

P. E. — De 2001 à 2004, j'ai animé le Comité d'orientation pour la simplification du langage administratif (COSLA), qui comptait nombre de praticiens de la langue autour de Laure Adler, Bernard Cerquiglini, Pierre Perret, Bernard Pivot, Bernard Quemada, Josette et Alain Rey, Henriette Walter.

M. B. — *Vous aviez un vaste programme.*

P. E. — Inépuisable. Et redoutable : par quel bout saisir ce langage ? Nous avons commencé par travailler sur les formulaires administratifs. La France est championne du monde dans le domaine du formulaire national : en 2001, il en circulait plus de mille cinq cents. Le formulaire administratif, c'est ce lieu unique où se croisent l'écriture de l'État, imprimée, imperturbable, impérieuse et celle du citoyen, manuscrite, hésitante, et forcément fautive.

M. B. — *Quels types de formulaires ?*

P. E. — Tous les formulaires administratifs possibles : la demande de carte d'identité ou de passeport, la demande de bourse pour les collèges et lycées, la demande de retraite, la demande de RMI, les déclarations de succession, les permis de construire, les feuilles de maladie (plusieurs centaines de millions d'exemplaires par an, malgré la carte numérique...), l'ensemble des formulaires qui régulent les rapports entre l'État et les citoyens, dont plus de cent sont utilisés par plus d'un million de personnes tous les ans. Un formulaire comme la demande de carte d'identité, carte que l'on renouvelle tous les dix ans, touche la totalité de la population française. Soit un tirage d'environ six millions d'exemplaires par an, loin devant tous les best-sellers. Nous avons rédigé le nouveau formulaire en essayant de le rendre plus accessible, moins rébarbatif et moins compliqué à remplir.

M. B. — *De quelle manière ?*

P. E. — Nous avons travaillé « à droit constant » pour parler dans cette langue de spécialité qui est celle de l'administration : c'est-à-dire que nous devions évidemment respecter les demandes de renseignements qui découlent des diverses lois concernant l'identification des citoyens. C'est un cadre contraignant, mais qui permet au moins d'éliminer certaines expressions énigmatiques relevant parfois du grotesque pur et ne correspondant plus à rien. Jusqu'en 2003, par exemple, dans le formulaire de demande de la carte d'identité, à la rubrique portant sur la taille du demandeur, il était précisé : « La taille est renseignée par le service émetteur. » Formule obscure pour les usagers, mais également pour bien des gens du guichet. Je me souviens d'avoir demandé poliment à ma mairie où se trouvait le « service émetteur » devant « renseigner » ma taille. La personne préposée a ouvert de grands yeux. Cet emploi de « renseigner » suivi d'un complément inanimé ne se trouvait pas, à l'époque, dans la plupart des dictionnaires français courants ; on le rencontre, depuis trois ans, dans le *Lexique administratif* dont le COSLA a pris l'initiative et dont une version remaniée pour le grand public a été publiée sous le titre *Le petit décodeur*. C'est un emploi typiquement administratif. Quant au « service émetteur », en l'occurrence, et à son insu, il s'incarnait en la personne de mon guichetier, qui n'en pouvait mais. Comment aurait-il pu « renseigner » lui-même ma taille ?

En l'estimant à l'œil ? Au moment où ce texte avait été rédigé, il y a des décennies, on trouvait des toises dans les mairies : le préposé passait le demandeur à la toise et « renseignait » sa taille sur le formulaire, en tant que « service émetteur » de la demande de carte auprès de la préfecture. Nous avons d'un commun accord préféré, selon l'usage, violer la disposition explicite du texte : j'ai renseigné moi-même ma taille, d'ailleurs approximativement, ne disposant d'aucun instrument de mesure approprié... Cette instruction destinée à établir l'identité de chaque citoyen français était devenue non seulement ininterprétable pour la majorité des francophones, mais matériellement inapplicable. Nous avons supprimé cette prescription : désormais, à la rubrique « Taille », chacun devine que c'est à soi de fournir une réponse.

M. B. — *Comme pour le sexe. Avec évidemment le risque qu'il ou elle puisse mentir ?*

P. E. — Le service émet alors quelques signes de perplexité...

M. B. — *C'est l'angoisse du guichetier au moment du choix masculin/féminin.*

P. E. — Même dans les formulaires plus récents, il y a énormément de phrases qui font problème. Nous avons essayé de nous inspirer du chancelier Poyet tout en allant plus loin que l'ordonnance de 1539, compte tenu de ce que maintenant l'État enseigne le français à la totalité des enfants du territoire. Nous avons posé en principe que, s'adressant à l'ensemble des habitants de la France, l'État doit pratiquer la langue même qu'il leur enseigne : la langue commune de la scolarité, celle qu'un élève est censé maîtriser, au moins passivement, au sortir de l'enseignement obligatoire. En sortant de la classe terminale, on ne peut pas comprendre sans incertitude la phrase que je viens de commenter et qui t'a fait lever les bras au ciel.

M. B. — *Non seulement l'émission renseignée de la taille me laisse pantois, mais tout autant les courriers, par exemple, que m'envoie mon percepteur...*

P. E. — À partir du moment où la Constitution dispose que la langue de la République est le français et la loi que le français est la langue de l'enseignement obligatoire, lorsque la République s'adresse aux Français, elle devrait user de la langue commune de l'enseignement. Et non pas de formes savantes comme le sont celles des juristes, des énarques et autres administrateurs civils, légitimement fondés en revanche à les employer dans leurs usages internes.

M. B. — *Dans la vie quotidienne, vous avez modifié certains formulaires, tant mieux. Mais avez-vous pu toucher à la langue des procès ?*

P. E. — Nous avons pu rendre plus accessible le formulaire de demande d'aide juridictionnelle, auquel nous avons incorporé un lexique explicatif, un bon nombre des termes techniques s'avérant irremplaçables « à droit constant ». Mais l'usage proprement judiciaire ne nous était pas ouvert.

M. B. — *Il y a des gens qui ne saisissent pas bien la logique, le sens des mots d'un jugement qui les concerne.*

P. E. — Le langage judiciaire représente un enjeu démocratique prioritaire mais le moins qu'on puisse dire c'est que, sauf exception, la chancellerie, où Guillaume Poyet est un peu oublié, ne semble pas prête à prendre résolument cet enjeu en considération... Toucher aux lois, privilège exclusif du pouvoir législatif, ne va pas de soi non plus. Pourtant, dans certains pays plurilingues, comme la Suisse, les lois devant être proposées au Parlement sont soumises préalablement à un comité de linguistes nommés par la chancellerie fédérale et habilités à les réécrire de telle sorte qu'elles soient compréhensibles dans les différentes langues officielles du pays : l'allemand, le français et l'italien, en l'occurrence. La Suisse démontre qu'on peut tenter d'écrire en français des lois interprétables par le commun des mortels.

M. B. — *Compréhensibles et sans ambiguïté.*

P. E. — Le simple fait de devoir établir des traductions conduit à clarifier, à réduire, par exemple, les cas d'ambiguïté. Pourquoi pas en France ?

M. B. — *Mais, sans même parler des lois, peut-on vraiment parvenir à ce que tout le monde se penche sans crainte ni répugnance sur un texte administratif ? Même sur un des formulaires que vous avez réécrits ?*

P. E. — Le doute s'impose... L'exercice de « simplification », qui, en fait, porte moins sur le langage administratif lui-même que sur le rapport qu'il établit avec ses destinataires, s'est révélé plein de surprises. La formule classique, « Prière de bien écrire en lettres majuscules et en noir », ne nous paraissait pas ambiguë ni difficile à comprendre : tous les mots relevaient du langage courant. Mais nous avions décidé de ne valider aucun formulaire de notre plume sans l'avoir d'abord soumis aux associations qui ont affaire aux personnes ayant le plus de mal à les remplir. Au retour les usagers, unanimes, rejetaient cette indication-là. Pour nous, « bien » n'était ici qu'un innocent explétif, ne servant qu'à renforcer l'expression. Mais eux l'entendaient comme adverbe de manière : « prière d'écrire bien ». D'où ils inféraient, par le moyen de ce que le pragmaticien Grice appelle une « implicitation », qu'ils étaient présupposés « écrire mal », fautivement ; et ceux qui craignent d'être jugés sur leur écriture n'écrivent pas du tout. C'est une réalité sociale surprenante : environ quinze pour cent de personnes en France ne touchent pas les allocations diverses auxquelles elles auraient droit parce qu'elles ne se sentent pas légitimées à remplir les formulaires de demandes.

M. B. — *Mais avec cette notion d'illégitimité devant l'administration, très présente dans les grands romans de Kafka,* Le Procès *ou* Le Château, *on va bien au-delà de la question d'une simplification. Je ne suis pas un exclu social et pourtant, de ce point de vue, je me sens moi aussi un « exclu administratif ». Car ce présupposé terrible — n'être pas conforme à ce que l'on attend de nous —, on est très nombreux à le partager... Il y a une inégalité* constitutive *entre l'Administration et le citoyen ordinaire, que l'on éprouve à chaque courrier venant du Château...*

P. E. — C'est ce que nous avons découvert assez vite : les formulaires et courriers administratifs sont généralement cause d'anxiété par le type de posture qu'ils adoptent. Exemple typique : lorsque l'administration se trompait au profit d'un administré à l'occasion du versement d'une quelconque allocation, elle nommait cette opération un « trop perçu » et en réclamait le remboursement en termes impératifs, comme s'il s'agissait d'une faute de l'administré ; alors qu'il s'agissait d'un « trop versé », qu'elle aurait dû s'excuser d'avoir à récupérer. Le COSLA a édité un *Guide de la rédaction administrative* proposant ce genre de « conversion » d'attitude : au lieu de « Vous avez perçu à tort » écrire « Nous vous avons versé par erreur ».

M. B. — *Vous avez été suivis ?*

P. E. — Par chance, tous les administrants sont aussi des administrés : ce guide a été très bien accueilli dans les services administratifs qui savent qu'il ne suffit pas qu'un formulaire soit clair pour qu'il soit facile de le remplir. Remplir ce type de texte, c'est pouvoir supporter d'entrer en position dominée dans la relation d'interrogation autoritaire. Pour résoudre le problème, il s'agit donc moins de simplifier l'expression que d'établir une tout autre relation de langage entre l'État et les citoyens : les formulaires comme les courriers personnels ne devraient plus relever de l'interrogatoire, mais de la conversation. Et respecter la logique de la conversation, qui implique un principe de coopération, dans une reconnaissance et une considération réciproques.

M. B. — *La reconnaissance, la considération, on n'y est pas encore, semble-t-il... Du moins, en banlieue, où certaines autorités fustigent les « odeurs » de la « racaille ». Message plus clair, il est vrai.*

P. E. — La linguistique, comme d'autres disciplines, mène aussi à la politique. Nous verrons cela dans un autre jardin, peut-être. Pour le moment, les premières questions restent : quelle forme de la langue nationale l'État doit-il utiliser quand il s'adresse aux citoyens ? Et quelle attitude un État démocratique doit-il adopter en s'adressant à un usager de l'administration ? Le cas le plus difficile, c'est le cas de la langue judiciaire. Parce que la plupart des gens sont totalement désarmés devant elle. Et sans elle, ce sont les juges qui se sentiraient désarmés.

M. B. — *Les gens apprennent qu'ils ont gagné ou perdu un procès, un divorce, une succession, dans un langage qui sonne pour eux à peu près comme du martien.*

P. E. — En 2002, la cour d'appel du tribunal administratif de Lyon a rendu un jugement annulant l'expulsion d'un Algérien au motif que la lettre lui signifiant cette expulsion n'avait pas présenté de façon suffisamment claire les voies de recours qui lui étaient ouvertes. Mais elle l'a annulée par un jugement illisible pour toute autre personne qu'un juriste. La langue de la République est le français, mais, nous le disions déjà la fois dernière, il n'y a pas *un* français unique. Toute langue est un système de variations dans tous ses domaines (phonologie, graphie, lexique, syntaxe, sémantique, pragmatique). L'État a développé un usage propre de la langue qui est hermétique à la majorité des citoyens. C'est un point très sensible dans une démocratie.

M. B. — *Penses-tu que la question de la communication entre l'État et les citoyens soit en cause dans le rejet de la Constitution européenne par les électeurs français ? Partons de l'objet officiel, le texte du traité constitutionnel, puisque tu as pris la précaution de t'en munir : s'il était imprimé comme un livre normal, cela ferait un volume de combien de pages à peu près ?*

P. E. — Dans le format que chaque électeur a reçu (21 × 29,7 cm), le *Traité établissant une Constitution pour l'Europe* comporte cent quatre-vingt-onze pages en petits caractères sur deux colonnes de soixante-quinze lignes, ce qui doit correspondre presque au triple de pages en format courant.

M. B. — *Cinq cents pages ?*

P. E. — L'ensemble du texte fait environ un million de caractères et, à deux mille caractères par page, il a effectivement été édité en un livre ordinaire de quatre cent quatre-vingts pages.

M. B. — *On a demandé aux électeurs de décider par oui ou non sur un livre de cinq cents pages. Tiré à combien ?*

P. E. — Tiré à quarante-trois millions d'exemplaires en une unique édition. Le plus gros tirage de toute l'histoire de l'édition française, j'imagine. À la présidentielle, on tire le même nombre d'exemplaires de bulletins de vote pour chaque candidat, mais jusqu'à présent, il n'y en a jamais eu quatre cent quatre-vingts à la fois...

M. B. — *C'est beaucoup plus que* La possibilité d'une île *de Michel Houellebecq.*

P. E. — C'était la possibilité d'une Constitution.

M. B. — *Plutôt son impossibilité...*

P. E. — Quiconque ayant un peu réfléchi à la fois à la langue utilisée par l'État et à la réalité de la lecture en France n'avait besoin d'aucun sondage pour prévoir la victoire du « non ». On peut commenter à l'infini, en termes politiques, le rejet de la Constitution européenne. Mais, tout contenu politique mis à part, on était en face d'un problème extrêmement simple : plus d'un tiers des Français lisant moins de dix livres par an, il n'était pas imaginable que l'ensemble des électeurs lisent le même mois, le même livre de cinq cents pages, aurait-il été le énième *Harry Potter*, même (ou surtout) distribué gratuitement par les soins du gouvernement. Étant donné la difficulté que représente pour la majorité des Français la lecture d'un formulaire officiel de quelques pages, il n'était pas douteux que cela vaudrait *a fortiori* pour un gros livre en langage juridico-administratif. Je ne pense pas que cinq pour cent des électeurs aient lu intégralement ce texte.

M. B. — *Je fais partie des quatre-vingt-quinze pour cent qui ne l'ont pas ouvert, je l'avoue.*

P. E. — Les rédacteurs du texte en question, qui savaient mieux que personne qu'il pouvait être proposé au suffrage universel dans nombre des pays concernés, dont la France, ne l'auraient-ils pas drastiquement limité en longueur s'ils avaient jugé utile que les électeurs se fassent une opinion par eux-mêmes ? S'ils l'avaient rédigé à l'intention des citoyens et non à celle de leurs propres pairs ? Proposer un texte de cette taille, c'était aussi donner à ses divers adversaires une arme formidable, car il était inévitable que sur quatre cent quarante-huit articles — auxquels s'ajoutaient les protocoles et les annexes, dont il était précisé qu'ils faisaient partie intégrante du traité, plus des déclarations jointes, au statut juridique moins certain — on puisse multiplier à l'infini les contestations. Sans que l'électeur se réfère au texte même pour en juger. La seule chance de faire adopter un même texte dans toute l'Europe des 25 est qu'il soit écrit en langue non savante et d'une longueur compatible avec les habitudes de lecture de la majorité des votants.

M. B. — *La* Déclaration des droits de l'homme et du citoyen *tient en quelques feuillets, non ?*

P. E. — La Déclaration de 1789 ne compte que dix-sept articles : elle ne ferait pas quatre pages dans le format officiel utilisé pour le *Traité*. La Constitution de la Ve République, une quinzaine de pages au plus. Proposer au suffrage universel un texte de cent quatre-vingt-onze pages de très grand format était un défi.

M. B. — *Une méprise. Ou du mépris.*

P. E. — Je n'irais pas jusque-là mais...

M. B. — *Disons, une blague auvergnate.*

P. E. — ... cela signifie, en tout cas, une méconnaissance de ce qu'est une relation de langage satisfaisante entre les pouvoirs et les citoyens. J'ai mis six heures à lire intégralement ce texte de façon à le comprendre, c'est-à-dire en calculant logiquement le sens des phrases techniques. La première chose qui m'a frappé, c'est qu'il était relativement clair. C'est surprenant, mais, rédigé avec le souci de la nécessité de sa traduction dans une vingtaine de langues différentes, ce *Traité* est relativement lisible dans ses premières parties, pour un œil du moins que ne rebute pas le style juridique. Son inaccessibilité vient d'abord de sa décourageante longueur, et de l'absence de toute explication sur sa structure et le statut respectif de ses différentes sections : articles, protocoles, annexes, Acte final, déclarations. D'autant que ces divers ajouts sont souvent d'une haute technicité ; de la langue d'État en bois massif. Comment ne pas s'y perdre ? Je suis tombé, d'ailleurs, vers la fin...

M. B. — ... *page ?*

P. E. — Page 168, sur une difficulté qui m'a conduit

à téléphoner à deux juristes spécialistes de cette Constitution, qui m'ont fourni deux interprétations incompatibles.

M. B. — *Quel article précisément ?*

P. E. — Il s'agit de la troisième des « Déclarations relatives à des dispositions de la Constitution », annexées à l'Acte final et soumises avec le reste du traité au choix des électeurs ; quoique logée dans l'arrière-cour, elle n'est pas sans importance, portant directement sur l'exercice du pouvoir dans l'Union européenne : « *Le choix des personnes devant occuper les fonctions de président du Conseil européen, de président de la Commission et de ministre des Affaires étrangères de l'Union devra tenir dûment compte de la nécessité de respecter la diversité géographique et démographique de l'Union ainsi que de ses États membres.* » Respecter la diversité géographique et démographique de l'Union, en tant qu'elle est constituée de vingt-cinq États diversement situés et peuplés, se conçoit bien ; mais qu'entendre alors par celle de ses États membres ? Ou bien elle ne se différencie pas de celle de l'Union, mais que vient faire ce « ainsi que » ? Ou bien il s'agit de la diversité interne à chaque État, dans le cas d'un État fédéral, par exemple, comme me le suggérait un des deux juristes consultés. Mais un esprit malin pourrait en conclure que si deux Français doivent accéder, au cours du temps, à un des postes en cause, si l'un provenait de la métropole, l'autre devrait provenir de l'outre-mer, ce qui serait incompatible avec l'indivisibilité de la République. Raison pour laquelle le second juriste dénonçait là une interprétation inacceptable. L'écriture experte entraîne ici une pluralité troublante de lectures expertes.

M. B. — *Ceux à qui ce texte d'une fausse limpidité était en réalité destiné ne s'accordent donc pas sur sa signification. Intéressant.*

P. E. — Tombe alors l'argument souvent avancé de la nécessité d'une écriture savante pour une interprétabilité univoque par les spécialistes. Même chose dans la Constitution française, avec le fameux article 68, que j'ai également sous la main : « *Le Président de la République n'est responsable des actes accomplis dans l'exercice de ses fonctions qu'en cas de haute trahison. Il ne peut être mis en accusation que par les deux Assemblées statuant par un vote identique au scrutin public et à la majorité absolue des membres les composant ; il est jugé par la Haute Cour de Justice.* » Cet article, on le sait, a deux lectures possibles selon qu'on considère que le pronom anaphorique « *Il* » mis en tête de la deuxième phrase n'établit qu'un lien de surface avec le sujet du verbe de la première phrase ; ou, au contraire, que ce sujet du verbe entraîne avec lui toute la phrase, c'est-à-dire la situation évoquée. Selon la première analyse, le président de la République bénéficie inconditionnellement d'un privilège de juridiction : les deux assemblées, la Haute Cour ; selon la seconde, ce n'est qu'en cas de haute trahison qu'il bénéficie de ce privilège, d'où l'on peut conclure que pour les actes commis antérieurement à son mandat, il relève de la justice ordinaire. Une partie de notre vie publique repose aujourd'hui sur l'interprétation de cet article qui a donné lieu à des controverses passionnées. Linguistiquement parlant, la première lecture ne s'imposerait que si la seconde phrase commençait par « *Le Président de la République* » au lieu de l'anaphorique « *Il* » ; et la seconde, que si cet anaphorique était précédé par « *Dans ce cas* ». C'est la première interprétation qui a été retenue, par des raisonnements différents, par le Conseil constitutionnel et par la Cour de cassation, mais leurs décisions sont loin d'avoir convaincu tout le monde. Linguistiquement, le texte est irrémédiablement opaque. Il faut recourir à des arguments externes pour trancher, l'histoire constitutionnelle, par exemple, qui fait pencher vers la première lecture. La prétendue transparence de la langue française n'est qu'imaginaire. Comme le savent par expérience quotidienne tous les locuteurs, l'intercompréhension, en français comme dans toute langue, n'est qu'un cas particulier du malentendu général.

M. B. — *Cette fameuse « clarté » de la langue française dont on se vante depuis toujours comme d'une lumière disparue qui brillait sous La Fontaine et sous Racine, et peut-être du temps de l'Encyclopédie de Diderot, n'existerait plus aujourd'hui ? Elle aurait été enténébrée au XIX*[e] *siècle et surtout au tournant du XX*[e]*. Mais cette clarté française a-t-elle jamais existé ?*

P. E. — Non, bien sûr. Cette thèse idéologique repose sur la confusion commune entre la langue et l'usage qu'on en fait, entre la langue et le discours. À l'écrit, on trouve évidemment des auteurs français qui se sont efforcés à un discours clair...

M. B. — ... *un « discours clair » ? Par exemple, quel auteur ? Buffon ?*

P. E. — Quelqu'un comme Voltaire. Il est un des premiers à avoir dit que le « *génie* » de la langue française est « *la clarté et l'ordre* ». Voltaire vise la clarté. Il est un de ceux qui illustrent par leur œuvre cet idéal de la langue. Plus tard, cette thèse a été popularisée par le *Discours sur l'universalité de la langue française* de Rivarol, avec son impayable « *Ce qui n'est pas clair n'est pas français* ». Mais, à la même époque, des écrivains de premier plan soutenaient exactement le contraire. D'Alembert, par exemple : « *Aucune langue sans exception n'est plus sujette à l'obscurité que la nôtre. Ainsi la clarté est l'apanage de notre langue en ce seul sens qu'un écrivain français ne doit jamais perdre la clarté de vue comme étant prête à lui échapper sans cesse.* »

M. B. — *La langue française serait de tout temps une langue impliquant, si on veut s'y exprimer clairement, qu'on se surveille de très près.*

P. E. — C'est vrai de toutes les langues. Mais, dans toutes les langues, on peut également choisir de ne pas être clair pour tout le monde. Il semble que les rédacteurs des textes juridiques font souvent ce choix-là, et ils ne sont pas les seuls.

M. B. — *Il faut laisser une marge d'interprétation. Comme en psychanalyse.*

P. E. — Pierre Bourdieu, il y a quarante ans, avait établi que l'obscurité que présentaient pour la plupart des étudiants les cours de philosophie ou de sciences humaines était intentionnelle. Et que, de façon générale, l'enseignant s'accommodait d'autant mieux de ne pas être intégralement compris qu'il était légitimé par l'hermétisme relatif de son discours.

M. B. — *Il a une position dominante et n'entend pas la céder.*

P. E. — Je me souviens des cours de Jacques Derrida que je suivais à la Sorbonne, au début des années soixante : il ne faisait pas bon relâcher son attention.

M. B. — *Lorsqu'il parlait à la télévision non plus, d'ailleurs.*

P. E. — Il y était en position d'icône. C'était choisi, construit et absolument légitime.

M. B. — *À l'inverse, je me souviens d'avoir suivi, plusieurs années le séminaire de Lacan, et Dieu sait s'il avait une réputation bien établie d'obscurité par écrit, mais quand on l'entendait et quand on l'observait parler, se démenant sur son estrade, il était infiniment plus compréhensible qu'on ne le dit.*

P. E. — Tu évoques un autre point, la place du corps, des gestes verbaux (l'intonation) et non verbaux dans le processus de construction du sens à l'oral. Lacan y recourait largement mais, pour qui n'avait pas eu d'initiation préalable, il restait intentionnellement difficile. D'ailleurs, la question est générale. Par expérience, peu de gens ont la naïveté de s'imaginer qu'on ne leur parle que pour être compris d'eux. Chacun sait implicitement qu'on parle premièrement pour parler, comme on écrit pour écrire. Que ce soit l'État ou chacun d'entre nous, on parle pour tenir la parole, c'est-à-dire pour exercer une sorte de pouvoir. Parler, c'est d'abord prendre possession d'une partie de l'espace verbal ; si les effets de compréhension sont importants, ils ne sont jamais les seuls visés. Envoyer à tout Français majeur un *Traité établissant une Constitution* de cinq cents pages en format ordinaire, c'est d'abord tenter d'imposer l'autorité des instances dirigeantes européennes à l'ensemble de la population. Comme on devine bien qu'un tel texte ne sera pas lu par la majorité des électeurs, cela implique qu'on sollicite en réalité un vote aveugle, un vote de confiance. Les Français avaient répondu « oui » à de Gaulle en 1958, sans s'être interrogés sur l'article 68 et sa double interprétation. Le 29 mai 2005, ils ont répondu « non » et ce « non », qu'on peut naturellement déplorer pour l'avenir des institutions politiques européennes, traduit pourtant leur liberté de raisonnement. À nouveau Montesquieu : « *Dans une Nation libre il est très souvent indifférent que les particuliers raisonnent bien ou mal, il suffit qu'ils raisonnent, de là sort la liberté qui garantit des effets de ces mêmes raisonnements.* » Mais, depuis le temps de Montesquieu, l'ensemble des « particuliers » ont appris à lire, et ce n'est pas assez les respecter que de leur proposer de se prononcer sur un texte qui, par sa longueur et sa technicité, ne leur est pas réellement destiné.

M. B. — *C'est frappant ce que tu dis sur la « prise de parole ». Dans les émissions télévisées où on réunit des hommes politiques et des journalistes, l'important c'est de tenir le crachoir le plus longtemps possible et de parler par-dessus l'autre, non pas évidemment pour qu'il vous entende, puisqu'il est en train de parler lui-même, mais pour faire du bruit, couvrir sa parole et maintenir cette situation dominante.*

P. E. — Chacun d'entre nous met plus ou moins en œuvre cette sorte de stratégie, et pourquoi pas ? Mais s'il s'agit de l'État qui s'adresse aux citoyens, la démocratie est en cause. Lorsqu'on suit le cheminement des lois dans les débats parlementaires, on constate que l'obscurité et la complexité des lois sont souvent liées à des préoccupations particulières conduisant à négliger la lisibilité des lois et leur applicabilité. Si nul n'est censé ignorer la loi, qui, parmi le peuple souverain, est-il supposé la comprendre ?

M. B. — *Puisque nous sommes en train de nous promener dans ces admirables jardins des Tuileries, il me vient une autre idée. Si l'État doit choisir de s'adresser aux citoyens, au peuple, dans la langue qu'il lui enseigne, ne peut-on pas se poser la question de l'enseignement de cette langue, de son contenu, à partir du moment où une grande partie de l'enseignement de la langue française se fait à travers la littérature et des exemples littéraires ? Or, la littérature, quand elle est bonne, repose « malheureusement » sur un écart par rapport à la langue. C'est même cette notion d'écart qui fonde le style. Avoir un style, c'est ne pas être comme tout le monde, ne pas parler comme tout le monde, ne pas écrire comme tout le monde. Donc, la langue littéraire doit-elle être « claire » ?*

P. E. — Tu nous fais passer d'un univers de langage à un tout autre. À suivre l'ordonnance de Villers-Cotterêts et le bon sens, le langage administratif doit viser la plus grande accessibilité possible. Mais, pour la langue littéraire, ce n'est pas son affaire.

M. B. — *Pourtant on l'apprend aux jeunes Français.*

P. E. — J'en doute : on la leur fait connaître, et c'est un objectif suffisant. La visée de la langue littéraire n'est pas la clarté, et ce n'est pas à toi qu'il faut préciser que l'écrivain n'a pas d'abord pour but d'être compris.

M. B. — *Mais on donne le goût des lettres...*

P. E. — L'enseignement de la culture littéraire française classique doit donner accès, en effet, à l'ensemble des jeunes gens qui vivent en France, à une forme de langue française qui n'est pas la leur. Tu rappelais à l'instant que la littérature consiste à forger une langue étrangère dans la langue maternelle et, quand on fait accéder à la littérature les enfants et les adolescents, c'est cet abîme qu'elle crée à l'intérieur de la langue qu'ils découvrent, cette altérité vertigineuse entre la langue quotidienne et la langue littéraire à l'intérieur de la langue française : avec les « *mots de la tribu* ». Cette division de la langue est un lieu essentiel de la constitution de l'identité du sujet de langage. L'enseignement de la littérature, la mise au contact de Montaigne, Racine, Marivaux, Baudelaire, Proust ou Simon, n'a pas pour intention de faire « apprendre » la langue nationale commune mais d'ouvrir à des langues irréductiblement singulières élaborées avec les moyens de la langue collective. Les citoyens et l'État n'ont pas, dans leur usage ordinaire, à mimer la langue littéraire. Pour le dire encore une fois : il y a des foules de langues dans l'ensemble dit langue française, qui n'en a pas moins une unité linguistiquement assignable. Le français s'apprend d'abord par le milieu ; puis l'école enseigne aux enfants une forme normée de la langue collective, le français scolaire ; plus tard, elle les met au contact d'une autre variété de français, le français lettré, celui des grands écrivains, qui n'est pas là pour conforter leur image de la langue mais pour l'inquiéter, la fêler, l'historiciser aussi et leur ouvrir un autre monde d'expression. Il y a plus d'un siècle que Mallarmé disait le désir de « *séparer comme en vue d'attributions différentes le double état de la parole, brut ou immédiat ici, là essentiel* ». Ce à quoi prépare normalement l'enseignement scolaire de la langue, c'est ce qu'il appelait « *l'universel reportage dont, la littérature exceptée, participe tout entre les genres d'écrits contemporains* ». La littérature n'est pas proposée aux élèves pour améliorer leur pratique courante du français, sinon pourquoi les mettre au contact de Chrétien de Troyes, Villon ou Rabelais dont le français est si loin du nôtre ? La littérature n'enseigne pas la langue mais la littérature.

M. B. — *Laquelle est un des multiples domaines d'usage de la langue.*

P. E. — La langue littéraire elle-même n'est pas une, cela va sans dire. Je pense encore à Mallarmé et à sa fameuse réponse : « *Que si un être d'une intelligence moyenne, et d'une préparation littéraire insuffisante, ouvre par hasard un livre ainsi fait et prétend en jouir, il y a malentendu.* » Élitisme ? Pas nécessairement. Les langues indiscutablement littéraires, telle celle de Mallarmé, sont des langues pour initiés, mais l'idéal républicain consiste à offrir cette initiation à tous : le lycée est notamment là pour ça. C'est également vrai de la musique, à laquelle Mallarmé voulait que la poésie « *reprenne son bien* ». Au même moment, Debussy, qui rêvait de la fondation d'une « Société d'ésotérisme musical », écrivait à Chausson (je le tiens du *Debussy* de Jean Barraqué) : « *Vraiment, la musique aurait dû être une science hermétique, gardée par des textes d'une interprétation tellement longue et difficile qu'elle aurait certainement découragé la troupe des gens qui s'en servent avec la désinvolture que l'on met à se servir d'un mouchoir de poche.* »

M. B. — *D'après ma propre scolarité, pour la musique,*

l'école me paraît avoir un peu négligé l'initiation démocratique...

P. E. — Pourtant, il y a deux types d'accès à la culture : on nomme généralement cultures populaires les cultures qui ne demandent pas d'autre initiation que celle qu'assure le milieu d'origine ; les cultures savantes, quelles qu'elles soient, sont des cultures qui réclament une initiation de type scolaire, hors du milieu — qui, dans les sociétés que notre modernité agressive a détruites, pouvait aussi bien être dispensée par des sorciers, comme pour les langues secrètes. Il faut être initié au latin ou aux « langues des hommes » pour comprendre le latin ou les « langues des hommes ». À Mallarmé, Debussy ou Coltrane pour accéder sans malentendu à Mallarmé et Debussy ou Coltrane.

M. B. — *Surtout au XIXᵉ siècle, où l'on part d'une littérature faite pour tous. Le meilleur, le Hugo des* Misérables, *et l'un tout petit peu moins bon mais quand même excellent, l'Eugène Sue des* Mystères de Paris, *s'arrachent comme des petits pains, se lisent en feuilletons, sont lus par tous. Et en même temps, c'est un siècle où l'on voit arriver l'obscurité, reconnue comme une valeur littéraire. Avec le symbolisme, la notion de « voyance » par Rimbaud, et tous les autres jusqu'à Mallarmé. Le point ultime sera le surréalisme.*

P. E. — L'idée qu'un texte littéraire n'est pas épuisable en termes de compréhension est triviale aujourd'hui. Quand j'étais étudiant à la Sorbonne circulait un polycopié où des gens de bonne volonté donnaient des « traductions » de Mallarmé qui rangeaient les mots de ses vers dans l'ordre du français courant... On sait aujourd'hui qu'accéder à Mallarmé c'est accéder à Mallarmé tel quel, en le laissant jouer comme personne des possibilités de polyvalence syntaxique de la langue.

M. B. — *« À la nue accablante tu »...*

P. E. — Tu me fais penser à l'irrévérence de Proust à l'égard des vers finals d'un autre sonnet de Mallarmé :

Comme mourir pourpre la roue
Du seul vespéral de mes chars

Proust qui, dans la lettre d'adieu du narrateur à Albertine, renvoie ces deux vers à la Rolls imprudemment commandée pour elle... Initiation n'est pas sacralisation.

M. B. — *Si l'on suit Rivarol, ce gongorisme n'est pas « français ».*

P. E. — Contre Rivarol et ses perroquets, Rimbaud, Lautréamont, Mallarmé, relayés par les dadaïstes et les surréalistes, ont réussi à faire triompher cette idée qui, en effet, avec Gongora, par exemple, les précède de loin : la langue littéraire a plus et mieux à offrir que la clarté.

M. B. — *La publicité joue là-dessus, elle aime les phrases comme : « La terre est bleue comme une orange. »*

P. E. — Récemment le chanteur Alain Bashung, à propos de ses derniers textes, qui ne sont pas transparents, expliquait qu'ayant été marqué, adolescent, par la chanson anglaise bien qu'il ne comprît pas grand-chose aux paroles qu'il répétait passionnément, il aimait qu'une partie de ses textes ne soit pas tout à fait interprétable ni pour lui-même ni pour les auditeurs.

M. B. — *En quoi il succède directement aux Beatles. Une*

chanson comme « Savoy truffle » est intraduisible, ne veut rien dire. Ou elle est trop cryptée... John Lennon, lui-même, a fait des séries de textes dont on serait bien en peine de découvrir le fin mot.

P. E. — Les Grands Rhétoriqueurs, Mallarmé, Proust ou Bashung, ne visent pas à « pourvoir au soulagement » des francophones. Ou alors, tout autrement.

M. B. — *Allons-nous laisser les Tuileries sans que tu dises un mot des sculptures du XX*e *siècle qui ne les ornent que depuis six ans, je crois, et à la présence desquelles tu ne serais pas entièrement étranger ?*

P. E. — Tout le mérite en revient au sculpteur Alain Kirili, dont je n'ai fait qu'accompagner le projet. Les sculptures des jardins des Tuileries s'arrêtaient au XIXe. Pis : le début du XXe y était représenté par des œuvres académiques de troisième plan. Aujourd'hui les œuvres de Rodin, Laurens, Ernst, Richier, Moore mais aussi Dubuffet, Étienne Martin, Louise Bourgeois, David Smith, Carl Andre, Lawrence Wiener, Giuseppe Penone, Damien Cabanes et bien d'autres que nous avons croisées cet après-midi répondent sur ces pelouses aux Maillol implantés par Malraux dans le jardin du Carrousel. Les quelques sculptures déplacées, commandes publiques du tout début du dernier siècle, n'interrogeaient guère le regard. Désormais, il affronte des surprises en ces jardins, des énigmes, des émotions peut-être...

M. B. — *La prochaine fois, nous arpenterons les Buttes-Chaumont.*

III

Aux Buttes-Chaumont

MICHEL BRAUDEAU — *Nous sommes aux Buttes-Chaumont. On a viré les pauvres en banlieue, ce n'est plus vraiment un quartier populaire, mais en voie de « boboïsation » accélérée, comme tout le Paris intra-muros d'ailleurs. Le fameux mot de Sarkozy sur le « kärcher » ne s'applique sans doute pas avenue de Laumière. Et pour la banlieue, est-ce un emploi approprié du mot « kärcher » ?*

PIERRE ENCREVÉ — « Nettoyer au kärcher » la banlieue : on a pu, en novembre 2005, constater de visu les effets indirects de ce lexique ministériel inattendu. Cet emploi n'était « approprié » que s'il cherchait délibérément à provoquer des réactions virulentes. Rien n'autorise à le croire. Mais conjointe à la mort dramatique de deux jeunes gens, cette expression, augmentée du mot « racaille » pour désigner l'objet de cette « kärchérisation », est apparue à tous comme déterminante dans le développement d'une série de violences urbaines telles qu'on n'en avait pas vu en France depuis plus de deux décennies.

M. B. — *On est toujours à la traîne des États-Unis...*

P. E. — Ce n'est pas très surprenant, dans un pays

aussi soucieux de sa langue que le nôtre, qu'un tel usage de la langue française ait pu jouer dans cette affaire un rôle sinon de déclencheur du moins de relais efficace dans la propagation des émeutes.

En mai 68, de Gaulle, l'unique grand écrivain qui ait jamais dirigé la France, doté d'un formidable répertoire lexical, où il puisait à volonté des *tracassin, ramas* ou *quarteron,* en avait fait surgir le mot à la fois populaire et savant de *chienlit,* qui avait l'avantage d'être de son vocabulaire et non de ceux qu'il visait — et il avait eu « l'astuce » (c'était un de ses mots), loin de le prononcer publiquement lui-même, de le faire rapporter par son Premier ministre. Quelques mois plus tard, retournant le titre d'un film d'Audiard, il raillait ceux qui « prennent les canards sauvages pour des enfants du bon Dieu » : là encore, ce qui retient c'est l'invention langagière. Mais dire « racaille » dans le cas évoqué, c'est aller chercher un mot des cités pour le retourner contre elles : ça craint, si j'ose dire.

M. B. — *Parce que « racaille », pour les gens concernés par ce terme, est péjoratif, sauf s'il est appliqué par eux-mêmes.*

P. E. — Les jeunes gens des grands ensembles suburbains emploient souvent « caille » ou « caillera » pour désigner l'ensemble des jeunes des cités. Le ministre, qui visait probablement le référent pour lui du mot racaille, c'est-à-dire les délinquants, l'avait oublié, ou bien il ne le savait pas. Mais si Thuram a pris le mot pour lui en tant qu'ancien jeune de banlieue, c'est parce que c'est l'emploi normal à l'intérieur des cités en cause.

M. B. — *Ce qui prouve bien son caractère insultant au-dehors.*

P. E. — Cela prouve surtout qu'un ministre ne gagne rien à parler la langue des banlieues quand il ne la connaît pas.

Autant à l'intérieur des cités on peut employer « racaille » par autodénigrement, par autostigmatisation, au second degré : en sachant qu'il s'agit de ce que les autres pensent de vous, autant, si c'est l'un de ces autres qui vous renvoie ce terme en pleine face, c'est une offense qui franchit allègrement l'enceinte des ghettos et atteint tous ceux qui ont un lien avec cet univers.

M. B. — *Comme Cyrano de Bergerac, qui supporte toutes les moqueries sur son nez, pourvu qu'elles ne viennent que de lui.*

P. E. — Quant à la métaphore du « nettoyage », elle a un lourd passé politique, qu'aggravait encore l'évocation du « kärcher ». La connotation ici est déshumanisante. D'où le sentiment de révolte, et parfois les gestes, dans une situation urbaine, économique et sociale propre à les susciter.

Pour m'en tenir à la langue, une remarque moins grave : comme observateur professionnel de la politique de la langue en France, cet emploi m'a étonné parce qu'il se trouve que ce ministre de l'Intérieur est un des signataires de la loi du 4 août 1994, dite loi Toubon, relative à l'emploi de la langue française. J'ai des doutes sur cette loi...

M. B. — *Lesquels ?*

P. E. — Ça nous mènerait trop loin des cités. Si tu le permets, nous en reparlerons dans une conversation sur la question du droit linguistique en France, dans le jardin du musée Rodin, par exemple, à deux pas de Matignon, entre *Les bourgeois de Calais* et *Le penseur,* parmi les rosiers et le fantôme de Rainer Maria Rilke. Mais quelle que soit mon opinion à son égard, cette loi a force d'obligation et je remarque qu'elle se soucie précisément de l'emploi d'un terme comme « kärcher » dans son article 14 : « *L'emploi d'une marque de fabrique, de commerce ou de service constituée d'une expression ou d'un terme étranger est interdit aux personnes morales de droit public dès lors qu'il existe une expression ou un terme français de même sens approuvé dans les conditions prévues par les dispositions réglementaires relatives à l'enrichissement de la langue française.* » C'est clair : une personne morale de droit public, c'est-à-dire un constituant de l'État en tant que tel, ne doit pas employer le terme « kärcher », qui est incontestablement « une marque de fabrique ou de commerce constituée d'un terme étranger », en l'occurrence un nom propre, celui d'Alfred Kärcher, industriel allemand qui créa, vers 1935, la société qui a mis au point les nettoyeurs haute pression portant son nom, lequel, d'ailleurs, ne se trouve pas dans la dernière édition du plus accueillant de nos dictionnaires courants, le Petit Larousse. Certes le ministre s'exprimait comme personne physique et non comme personne morale. Mais n'était-il pas entendu comme la voix même de l'État par les jeunes gens des cités ? En tout état de cause, la loi Toubon interdit l'usage de ce terme dans un texte officiel.

M. B. — *D'autant que ce nom propre n'est pas devenu un nom commun, comme le patronyme du préfet Poubelle.*

P. E. — Encore poubelle n'est-il pas un « mot étranger ».

M. B. — *Ou Frigidaire...*

P. E. — Si tu veux. Le débat parlementaire sur la loi Toubon, que j'ai eu l'occasion de travailler de près, a révélé l'extrême difficulté à désigner ce qu'est un prétendu « mot étranger » dans l'usage courant des Français : contrairement à ce que l'on s'imagine, rien n'est plus flou que les frontières linguistiques. Je me souviens d'un échange pittoresque entre le sénateur qui était à l'origine de la précédente loi sur le même objet, et le ministre de la Culture qui a donné son nom à la loi :

« M. Marc Lauriol : "Water-closet", est-ce du français ou de l'anglais, monsieur le ministre ?

— M. Jacques Toubon : À mon avis, monsieur le sénateur, c'est un mot anglais !

— M. Marc Lauriol : Le Canada, comme vous le savez, est un pays bilingue. Au Parlement d'Ottawa, j'ai vu au coin d'un mur, avec une flèche, une indication "Toilet" en anglais et "W.-C." en français. Nous en sommes là ! »

Il se trouve que le mot en question, présent dans tous les dictionnaires actuels de la langue française, est attesté en français depuis 1816...

M. B. — *Le gouvernement devrait être réservé aux linguistes. Blague et mots étrangers à part, la fracture sociale ne se limite pas aux échanges entre Sarkozy et les jeunes banlieusards. Elle nous a également sauté aux oreilles au début de 2006 quand nous avons vu et entendu parler les gens d'Outreau à la télévision : on a eu l'impression qu'ils venaient d'ailleurs, qu'ils parlaient une autre langue, d'un autre monde.*

P. E. — C'était très certainement l'aspect linguistique saillant dans cette audition des acquittés d'Outreau par la commission parlementaire *ad hoc* : le surgissement de ce qui reste là-bas de la langue populaire de « ch'Nord ». En effet, ce qu'on appelait la « langue populaire » a largement disparu des villes de France au terme des « Trente Glorieuses », du fait de la croissance des classes moyennes, de l'allongement de la durée de l'enseignement obligatoire et de la généralisation de l'écoute de la télévision plusieurs heures par jour : les enfants d'ouvriers sont passés au français commun, standard...

M. B. — *... le français « blanc, normal, quoi », aurait dit Coluche...*

P. E. — Oui, ils sont passés au français normal sinon normé. Mais dans le Nord notamment, malgré la débâcle de la classe ouvrière, ou à cause d'elle, il y a des restes de ce qui était autrefois le parler chtimi et, en entendant les gens d'Outreau, on était frappé de leur prononciation : leur phonétique, leur phonologie.

M. B. — *On sentait que la télévision n'était pas loin d'envoyer des sous-titres, comme pour les Antillais parlant en créole.*

P. E. — Parce que phonétiquement c'était difficile à comprendre. Lexicalement et syntaxiquement, il y avait peu de régionalismes ; mais la forme phonique était régionale. On peut douter si le juge les comprenait vraiment. La femme d'un des acquittés disait que c'était absolument impossible de se faire comprendre de lui. Je cite de mémoire : « Quand je lui disais : "Le dimanche on va au temple", il notait : "Le dimanche on va à Étamples", et Étamples c'est en Belgique et ça renvoyait à l'affaire Dutroux. Et je lui disais : Mais non, je vous ai dit "au temple" et il écrivait sur le compte rendu : "à Étamples". » Si on exclut la mauvaise foi, et je préfère prendre ce parti, c'est un cas exemplaire de surdité phonologique et d'incapacité à entendre la langue de l'autre. Il semble que l'État ne se soit jamais préoccupé en France, dans la formation des magistrats, de ce point décisif, que le juge doit pouvoir pleinement comprendre la langue de ceux qu'il interroge. Il devrait être familiarisé au moins avec les diverses variétés de français ; et si ce n'est pas le cas, qu'il demande à des linguistes de l'aider. Aux États-Unis, il arrive couramment qu'on recoure à des linguistes dans les procès impliquant les locuteurs de l'African American English. Le juge aurait pu demander à un linguiste, sinon de l'assister, du moins de le préparer à entendre ces locuteurs particuliers. Les linguistes seraient parfois moins déplacés dans une instruction que les inévitables experts en psychologie.

M. B. — *Pas évident pour quelqu'un de Tourcoing de comprendre exactement ce que dit un Marseillais.*

P. E. — Tout dépend du parcours linguistique de l'un et de l'autre. Mais, au-delà d'Outreau, une chose m'a retenu dans la crise des banlieues : à la radio ou à la télévision, si on saisissait un bout de conversation de jeunes gens des cités entre eux, on avait du mal à les comprendre, surtout s'ils parlaient vite. Mais, dès qu'ils se trouvaient devant un micro, ils usaient généralement du français de tout le monde. Il n'y a pas entre eux et nous de « fracture linguistique », contrairement à une opinion courante. Ces jeunes gens parlent entre eux la langue des jeunes de banlieue mais avec leurs parents ils parlent le français commun, et plus encore avec les autres adultes, au collège ou hors de la cité.

M. B. — *Ils sont bilingues, en somme.*

P. E. — Ils utilisent deux variétés de français : ils peuvent parler dans leur sociolecte et dans le dialecte commun, sans oublier, s'ils sont enfants d'immigrés, la ou les langues maternelles de leurs parents, dont ils ont le plus souvent une compétence seulement passive. Cette langue des jeunes de banlieue est une variété de français tout à fait intéressante, mais il faut se garder de projections trop rapides. Jadis, quand Paris intra-muros abritait encore une population ouvrière, on y entendait ce qu'on appelait la langue populaire. Il y a eu des travaux, des études qui la décrivent bien, au début du xxe siècle notamment. Mais, depuis une trentaine d'années, depuis l'arrivée en masse des émigrés qui ont été logés extra-muros, une partie de la banlieue s'est constituée comme un vaste ghetto, et les phénomènes linguistiques qui s'y manifestent sont assez proches, dans leur principe, de ceux des ghettos noirs des États-Unis. Il y a plus de trente ans, le grand linguiste américain William Labov, qui a particulièrement travaillé sur ce qu'on appelait autrefois le Black English et maintenant l'African American Vernacular English, a établi, dans son grand livre *Language in the Inner City*, traduit en français sous le titre *Le parler ordinaire, la langue dans les ghettos noirs des États-Unis*, que c'est un sociolecte de l'anglais. Il y analyse le langage des bandes de rues, parlé entre huit et dix-huit ans, et progressivement abandonné ensuite. Ce langage atypique mérite d'être rapproché, non pas linguistiquement mais sociologiquement, de notre langue des banlieues, ne serait-ce que sur le point suivant : aux États-Unis, selon les enquêtes de Labov et de ses collaborateurs, dans toutes les grandes villes, New York, Philadelphie, Chicago, Detroit ou Los Angeles, on rencontre des variantes phonétiques spécifiques. À Philadelphie la prononciation de l'anglais diffère, sur l'antériorisation ou la centralisation des voyelles par exemple, de celle de New York ; en revanche, chez les jeunes Noirs il n'y a pas de variantes phonétiques significatives : les jeunes des différents ghettos américains peuvent présenter quelques variantes régionales dans le vocabulaire, mais ils prononcent leur African American English de la même manière. Parce que la langue des ghettos circule de ghetto à ghetto, sans être phonétiquement régionalisée comme l'anglais ordinaire.

M. B. — *A-t-on l'équivalent d'une même étude pour la France ?*

P. E. — Pas vraiment, non. Il faut dire que ce n'est pas simple : commençant à Harlem dans les années 60, Labov avait engagé un jeune homme qui avait été membre d'une bande quelque temps plus tôt, pour qu'il réalise lui-même, en l'absence du chercheur mais sur ses indications, des enregistrements des conversations spontanées des adolescents pendant une année. Je ne suis pas du tout spécialiste moi-même de la langue des jeunes des cités : je n'y ai jamais enquêté. Des chercheurs de terrain ont relevé que le vocabulaire, d'ailleurs volatil, pouvait varier d'un bout à l'autre de la France et présenter parfois des régionalismes mais que, chaque fois que la population d'origine étrangère était ghettoïsée en banlieue, la langue utilisée dans ces diverses banlieues ne différait guère en ce qui concerne la phonétique particulière qui la rend si hermétique pour les locuteurs du seul français commun. Marseille fait doublement exception puisque les jeunes issus de l'immigration y vivent intra-muros, avec cette conséquence linguistique très intéressante que les enfants d'immigrés des quartiers nord ou du Panier parlent la langue des cités mais avec l'accent marseillais. On entend encore cet accent chez les Marseillais adultes mais, généralement, chez les jeunes Marseillais, s'ils ne sont pas issus de l'immigration, il s'atténue fortement au profit d'un passage au standard qui ne cesse de s'accélérer ; alors que ceux qui sont issus de l'immigration font très nettement entendre l'accent. C'est remarquable parce qu'on peut, à titre d'hypothèse, relier cette particularité linguistique d'une langue des cités phonétiquement et phonologiquement régionalisée, qui représente une sorte d'intégration régionale, locale et même municipale, à cet autre phénomène : ces jeunes gens n'ont pratiquement pas fait brûler de voitures en novembre 2005.

M. B. — *Le fait d'appartenir à la communauté marseillaise, perçue comme distincte du pouvoir central, leur a permis de mieux s'intégrer.*

P. E. — Oui, ils ne sont pas dans le même rapport au pouvoir central. En un sens, ils sont moins exclus, étant localement inclus par l'accent.

M. B. — *Mais par ailleurs, à l'intérieur du français, quand on parle argot c'est pour ne pas être entendu des autres.*

P. E. — C'est pour être entendu de ses pairs et d'eux seulement. S'agissant de la langue des jeunes des cités, qui se sentent souvent rejetés hors de la société globale, il y a une sorte de renversement de l'exclusion dans l'utilisation d'une variété de français qui exclut ceux qui les excluent. Les langues, et plus généralement tous les idiomes, qu'ils soient nationaux, sociaux, régionaux, familiaux, délimitent toujours un intérieur et un extérieur, tracent la frontière invisible de la communauté linguistique. Parler un idiome c'est se situer à l'intérieur, donc c'est s'inclure ; et c'est, du même mouvement, exclure ceux qui n'entrent pas dans le cercle de cette communication linguistique : ceux qui ne parlent ni ne comprennent cet idiome, si socialement dominé puisse-t-il être. Il y a un phénomène incessant d'inclusion et d'exclusion par la langue.

M. B. — *Quelle est la différence que tu ferais entre, par exemple, les argots du* XIX*e siècle qui étaient propres à des corporations professionnelles, le louchébèm des bouchers, l'argot de tel ou tel autre métier, et cet argot-là qui est beaucoup plus large ?*

P. E. — D'abord, malgré des points communs évidents, je ne parlerais pas volontiers d'argot pour le parler des cités. Le terme argot renvoie à une situation sociolinguistique qui m'apparaît très différente. Le mythique louchébèm — avec sa règle d'insertion d'un *l* à l'initiale et de renvoi à la finale de la consonne initiale qu'on fait suivre du suffixe *-em,* trop belle pour être vraie —, cet argot censé avoir été le parler des bouchers de la Villette, personne ne sait exactement quelle était l'extension de son usage, s'il était ordinaire et permanent ou plutôt emblématique. Mais qu'il s'agisse du louchébèm, du parler des Coquillards repris en partie par Villon, de la langue dite verte du milieu parisien au XXe siècle, ou encore du verlan plus récent des « zonpris », ce sont des « parlers spéciaux » marqués parfois par des règles spécifiques de déformation du vocabulaire ordinaire et toujours par un lexique propre se substituant ou se surajoutant à celui du français commun, la structure linguistique restant tout à fait française. Il s'agit de variétés de la langue autochtone utilisées par peu de locuteurs dans des communautés bien délimitées. En outre, une bonne partie des mots des argots français traditionnels passait assez vite dans la langue parlée dite populaire. La variété de langue employée par les enfants et adolescents des cités de nos banlieues se distingue nettement de ce genre de parlers spéciaux. D'abord parce qu'elle est générationnelle, ce qui n'est pas le cas des argots traditionnels : il semble qu'en général, en France comme dans les ghettos américains, passé dix-huit ou vingt ans on commence à abandonner cette langue qui est la langue des jeunes. Surtout, ceux qui pratiquent cette variété de français, tout en utilisant couramment le français standard, notamment dans le cadre scolaire, sont souvent issus d'immigrés qui ont eux-mêmes d'autres langues maternelles. La plupart du temps la langue des parents se transmet mal aux enfants : il leur arrive souvent de la comprendre mais ils ne la parlent guère que dans la prime enfance, avec leur mère, et l'abandonnent très vite pour acquérir le parler de leurs frères, sœurs et camarades scolarisés, tout en se familiarisant avec le français de la télévision. Vers septhuit ans, ils acquièrent cette langue des pairs qui est la langue des écoles, des collèges et des lycées. On pense aux argots parce que ce lexique porte souvent sur des secteurs thématiques plus ou moins tabous dans la langue commune, comme l'argent, le sexe, la drogue, etc., et aussi parce qu'il reprend certains termes de l'argot traditionnel mêlés à des mots récupérés dans les langues les plus diverses. Leur vocabulaire — qui est souvent éphémère, varie partiellement d'un groupe à l'autre et évolue sans cesse — a été étudié par Jean-Pierre Goudaillier à la fin des années 90. Dans son *Dictionnaire du français contemporain des cités,* il a collecté neuf cents mots spécifiques.

M. B. — *Ce qui est assez considérable.*

P. E. — Oui et, comme ils sont utilisés avec une très grande fréquence, cela suffit à « exclure » le locuteur du français commun. Parmi ces neuf cents mots, on retrouve des mots argotiques traditionnels, comme *oseille, daron, tune, baston,* mais surtout des mots empruntés à une multiplicité de langues étrangères : arabe, berbère, tsigane, langues africaines, slang, langues slaves, sans oublier les langues régionales historiques de la métropole, les divers créoles, bref potentiellement des vocables issus de toutes les langues parlées en France. Tu te souviens peut-être que, dans notre première conversation, j'avais fait allusion à cette enquête récente de l'Institut national des études démographiques, portant sur trois cent quatre-vingt mille personnes de plus de quinze ans résidant en métropole, qui a établi qu'au cours du XXe siècle leur avaient été transmises plus de quatre cents langues différentes. On doit parler quatre-vingts pour cent d'entre elles dans la région parisienne, et spécialement dans les cités. Je connais une municipalité de la banlieue nord-est qui organise tous les dimanches un grand repas collectif pour des gens de même langue maternelle et qui n'arrive pas à épuiser ce programme en une année. Nombre de professeurs des écoles constatent que, dans leur classe, il y a plus de langues maternelles parlées ou comprises que d'élèves, les père et mère étant souvent de langues maternelles différentes. Dans les cités de nos banlieues il y a donc une éclatante diversité linguistique, ce qui change tout par rapport aux argots traditionnels qui fabriquaient des mots nouveaux mais ne puisaient pas dans des dizaines de langues étrangères, qui d'ailleurs n'étaient pas encore parlées en France.

M. B. — *Et puis ils imitent aussi des stars assez imprévisibles comme le fameux Jean-Claude Van Damme. Tu sais, le karatéka survolté qui dit :* « Je suis aware. »

P. E. — Il y a, en effet, des emprunts aux chansons, aux films, à la pub, à tout ce qui bouge, qui paraît dynamique et n'est pas normé par l'école. Mais ils ne se contentent pas d'emprunter ces mots, ils les triturent, les déforment, les transforment, comme a toujours plus ou moins fait la langue parlée, obtenant une langue d'une grande richesse, pleine de surprises, et plutôt fascinante pour un linguiste. Ceux qui s'imaginent que les langues s'appauvrissent dans ces usages n'ont aucune idée de ce qui s'y passe : elles sont le lieu d'un travail linguistique permanent, d'abord phonétique, selon une méthode classique qu'on retrouve dans les argots mais aussi dans toutes les variétés de langue parlée. Ces jeunes locuteurs pratiquent ce que les linguistes nomment des troncations : soit ils coupent le début du mot, par aphérèse, soit ils coupent la fin, par apocope, soit des éléments internes, par syncope. Dans la langue parlée ordinaire nous faisons beaucoup d'apocopes : *métro, télé, radio, ciné,* et nettement moins d'aphérèses, comme dans *car* ou *bus.* Mais les jeunes des cités manifestent une préférence marquée pour l'aphérèse : *teur* (inspecteur), *leur* (contrôleur), *vail* (travail), *rien* (Algérien). Ils pratiquent aussi les allongements par suffixation hypocoristique, comme dans les diminutifs, ou par redoublement (*leurleur*), tout un travail de déformation-reformation, notamment par une série de verlanisations successives. Il y a trente ans, vingt ans encore, les lycéens parlaient volontiers verlan, intra-muros comme dans les banlieues, mettant à l'envers nos mots ordinaires. La langue des cités qui s'est développée depuis utilise la verlanisation comme un traitement entre autres des mots empruntés à foule de langues, mots qui subissent en même temps les diverses troncations ou allongements évoqués. Si bien que s'est établie, semble-t-il, une vraie coupure avec le parler des lycéens intra-muros, d'autant que la phonétique et la prosodie typique de la banlieue n'ont guère franchi encore les murs de la ville. Cette variété de français possède une richesse lexicale proprement extraordinaire et manifeste une inventivité linguistique assurément ludique.

M. B. — *Parfois très drôle, par exemple, les clopes : ils ne te demandent pas une cigarette mais une « fumétu » ou une « nuigrave ».*

P. E. — En général la syntaxe n'est guère bousculée,

mais la morphologie n'est pas toujours standard, avec certains verbes qui ne se conjuguent pas du tout et présentent des formes d'infinitif impossibles en français commun : *chourav, bébar, tej, fech* sont invariables. C'est d'ailleurs un phénomène qu'on rencontrait dans la « langue populaire ».

M. B. — *Autre chose, la superbe capacité rhétorique de ces jeunes locuteurs.*

P. E. — Ils mettent en œuvre des processus pragmatiques complexes, des dérivations référentielles et des transferts de sens tarabiscotés qu'on peut en effet décrire en termes de figures de la rhétorique classique, bien qu'elle n'en soit pas réellement le modèle explicatif, qu'il faudrait plutôt chercher du côté de la dimension illocutoire de l'usage de la parole. Tout se passe comme s'ils ne cessaient pas de manipuler des tropes, qu'on croit savants parce qu'ils portent un nom savant mais qui sont, en surface, le pain quotidien de tous les virtuoses de la langue parlée : antonomases, synecdoques, métonymies, catachrèses, chiasmes, oxymores...

M. B. — *Toute la gamme des* Figures du discours *établie par Pierre Fontanier.*

P. E. — Mais le plus caractéristique à l'oreille, c'est, évidemment, la prononciation et la prosodie : la phonétique est particulière, l'intonation est particulière, le rythme est particulier.

M. B. — *Puisqu'on est aux Buttes-Chaumont où il y a des studios de télévision et où on a tourné beaucoup de films, depuis quand le cinéma s'est-il intéressé à des jeunes parlant une langue peu commune ?*

P. E. — Il faudrait consulter les spécialistes. Je ne me

souviens plus du parler des enfants de Jean Vigo dans *Zéro de conduite*. Ni de celui des jeunes acteurs des *Mistons* de Truffaut ou de *L'Enfance nue* de Pialat. Mais plus récemment, il y a eu un certain nombre de films sur la banlieue où passait cette langue. Pour ce qui est des films centrés sur le langage, je pense surtout à ceux de Jacques Doillon qui fait partie des cinéastes particulièrement sensibles à la différence linguistique, comme Pasolini en Italie.

M. B. — Le Petit Criminel ?

P. E. — Bien sûr, et *Petits Frères,* ce très beau film tourné dans un des quartiers les plus difficiles de la banlieue parisienne, où les policiers ne se risquent qu'en troupe. On y voit et entend de petits enfants parler français avec tous ces mots qui nous sont inconnus. Doillon confie que s'il avait laissé parler spontanément ses plus jeunes acteurs, qui ne font pas encore clairement la différence entre le parler des pairs et celui de l'école, les spectateurs n'auraient rien compris. C'était déjà le cas pour *Le Petit Criminel.* Il a écrit lui-même le texte des dialogues et l'a discuté avec ses interprètes. Il travaille toujours ainsi : loin du naturalisme, il fait une création linguistique et littéraire, à partir de matériaux recueillis dans de longues enquêtes empiriques auprès de ses acteurs amateurs et de leur entourage, produisant une transposition qui nous permet d'avoir accès à ces jeunes gens. Plus récemment, il y a le film linguistiquement exceptionnel d'Abdellatif Kechiche...

M. B. — ... L'Esquive ?

P. E. — *L'Esquive,* oui, qui rend visible et audible ce fait négligé, ou occulté, que les mêmes jeunes gens des cités peuvent maîtriser à la fois leur variété propre de français et le français lettré du XVIIIe siècle.

M. B. — *On peut rappeler pour ceux qui ne l'ont pas vu que cela se passe dans une banlieue plutôt maghrébine, dans une classe de troisième ou de seconde, avec Lydia, une jeune fille blonde entourée de garçons arabes et noirs et d'autres filles. La professeure de français décide de faire interpréter aux élèves volontaires une pièce de Marivaux,* Le Jeu de l'amour et du hasard. *Alors on a constamment un double jeu, un double jeu entre ce qui se passe sur l'estrade où les jeunes gens répètent Marivaux et ce qui se passe en réalité dans les couloirs de la cité, qui ressemble fort à l'intrigue de Marivaux, et aussi un double jeu sur la langue puisqu'ils sont obligés d'apprendre une langue éloignée d'eux de deux siècles et demi alors qu'ils s'engueulent copieusement dans le parler d'aujourd'hui mais, néanmoins, dans les deux cas ils se comprennent.*

P. E. — Ce film dément toute analyse de la situation linguistique en banlieue en termes de fracture linguistique. C'est aussi un hommage aux enseignants de littérature française, qui luttent quotidiennement pour que cette fracture ne puisse pas s'instituer. Il y a une fracture sociale et il y a certainement un problème linguistique, mais ce qui est impressionnant c'est la facilité avec laquelle ces grands adolescents et particulièrement les filles passent, avec la plus grande liberté, de discussions en parler des cités — à une incroyable vitesse — à une interprétation parfaitement appropriée de la langue de Marivaux. On constate d'ailleurs, dans leurs relations avec les adultes, que ces jeunes gens parlent sans traits particuliers le français standard. Pour revenir sur notre précédente conversation, on voit surtout à quoi sert la langue littéraire au lycée : à accéder non pas à la langue commune (leur langue usuelle n'en est pas changée) mais à la littérature et à ce que la littérature seule exprime.

M. B. — *Apparemment, ce sont les mots d'amour qui sont les plus durs à dire.*

P. E. — Pour celui qui aime. L'impossibilité du personnage nommé Krimo à jouer dans la langue de Marivaux les sentiments qu'il éprouve réellement pour Lydia-Lisette traduit le chemin qu'il y a de « kiffer » à « aimer ». Mais lorsque les jeunes actrices se querellent dans leur variété suburbaine de français, s'exprimant avec une rapidité inconnue dans la langue commune, la première fois qu'on les entend il est impossible de les comprendre.

M. B. — *Surtout la copine de Lydia, jouée par Sabrina Ouazani, qui est redoutable, comme une mitraillette.*

P. E. — Sa capacité de projection vocale et sa vitesse d'élocution sont inouïes. L'argot du milieu, c'était d'abord un argot d'hommes mais, dans ces cités, les filles parlent comme les garçons et emploient les mots typiques des garçons : elles disent « mon frère » en s'adressant à une autre fille, elles proclament à tout moment qu'elles « s'en battent les c... », elles se traitent de « putes », tout ce qui est normalement l'apanage linguistique des garçons. Quand on les réécoute, on constate qu'il s'agit incontestablement de français, avec peu de différences syntaxiques, quelques différences morphologiques, moins de particularités lexicales qu'on s'y attendrait mais une différence majeure dans la forme phonétique et prosodique.

M. B. — *Et Lydia est magnifique quand elle dit en privé à Krimo : « Je vais m'éventailler. » Elle jouit en effet d'un assez bel éventail...*

P. E. — J'aime entendre Karim en Arlequin dire à Lydia en Lisette : « *Jurons-nous de nous aimer toujours, en dépit de toutes les fautes d'orthographe que vous aurez faites sur mon compte.* »

M. B. — *La langue littéraire est aussi bien à sa place dans leur bouche qu'à la Comédie-Française.*

P. E. — Peut-on, ou non, mettre les jeunes gens des cités au contact immédiat de la langue littéraire du début du XVIIIe, la leur faire entendre, intérioriser, prononcer, intoner ? Ici, on est très loin des jeunes locuteurs des ghettos américains étudiés par Labov. Dans cette fiction, qui est peut-être une utopie, il paraît aller de soi pour la professeure de faire s'approprier la langue de Marivaux par des élèves usant entre eux d'une variété de français qu'elle ne doit pas entièrement comprendre mais qu'elle ne dénigre pas. Il serait détestable de vouloir priver ces jeunes gens de la langue créative qui les identifie pour eux-mêmes dans une courte période de leur vie, mais on ne doit pas renoncer pour autant à ouvrir devant eux l'abîme de la langue littéraire, qui leur révèle en eux-mêmes l'inconnu, comme le personnage nommé Krimo en fait ici la dure expérience. Ce double répertoire les sauvera du désert de la langue-monnaie chère aux méthodes d'apprentissage des langues étrangères : *my tailor* est misérable.

M. B. — *Ça me rappelle cette page de Claude Simon que tu as voulu faire lire dans les collèges au moment du Nobel.*

P. E. — Tu as bonne mémoire. En 1985, Claude Simon a eu le prix Nobel de littérature, qu'aucun Français n'avait reçu depuis Jean-Paul Sartre, qui l'avait refusé, en 1964. Pour saluer l'évènement, et l'œuvre qui l'occasionnait, j'avais cherché, par l'intermédiaire d'un ami linguiste alors directeur des écoles au ministère, à convaincre le cabinet du ministre de l'Éducation nationale de faire lire une page de Claude Simon, le jour de la remise du prix à Stockholm, dans toutes les classes de français des collèges et lycées. On m'avait demandé de choisir la page et j'avais retenu le seul passage que je connaisse où Claude Simon évoque directement l'école, dans *L'herbe,* trois pages qu'on ne pouvait couper car elles faisaient une seule phrase. Un peu surpris paraît-il, le ministre a pourtant fait publier cette phrase de trois pages dans le *Bulletin officiel de l'Éducation nationale* et un certain nombre de professeurs ont suivi la consigne. *Le Monde* a publié, dans les jours suivants, des lettres de protestations véhémentes : trois pages sans un point, quel exemple navrant pour nos jeunes illettrés en puissance qui n'ont besoin, pour modèle, que de phrases courtes, sujet-verbe-complément ! Pour moi, il ne s'agissait pas d'enseigner par là la langue commune mais, à l'occasion de l'hommage international rendu à un écrivain de langue française vivant, de faire entendre, pour une fois, à tous les élèves du secondaire une phrase exemplaire de la littérature contemporaine la plus exigeante et la plus éloignée de la langue quotidienne. J'espère que, ce jour-là, un enfant sans livres a décidé d'être écrivain en découvrant la prodigieuse liberté créatrice que propose la langue, comme Soulages, qui n'avait jamais vu d'autres peintures que les reproductions en sépia du *Petit Larousse*, a décidé de devenir peintre, à douze ans, le jour où un professeur a emmené sa classe visiter l'abbatiale de Conques. Aussi longtemps que les enseignants ne renonceront pas à ce rôle-là : mettre tous leurs élèves au contact de l'art et de la littérature, et particulièrement de la littérature française la plus étrangère à leur français ordinaire, il n'y aura pas de risque de fracture linguistique.

M. B. — *Et il y aura une suite pour la littérature française.*

P. E. — Pour en terminer sur la langue des banlieues, ce qu'on a de mieux à faire avec elle au collège, c'est de la faire travailler comme langue par ceux qui la parlent, leur montrer ce qu'ils font comme travail linguistique sur le français quand ils parlent cette langue, leur faire prendre conscience de leur amour de l'aphérèse, leur faire analyser les métaphores, métonymies et anacoluthes qu'ils pratiquent en funambules tous les jours, tout comme faisaient Molière ou Marivaux dans une variété écrite et littérarisée du français de leur temps. L'unité de la langue française est sans cesse à conquérir à la fois sur le mépris ou l'indifférence à l'égard de ses variétés parlées non standard et sur l'ignorance et le désintérêt à l'égard de ses variétés littéraires les plus singulières.

M. B. — *Je voudrais revenir sur la formule « Toutes les fautes d'orthographe que tu peux faire sur mon compte ». Il faut croire que Marivaux à ce moment-là a fait un jeu de mots, mais quelle est la « faute » exactement : faute d'interprétation, faute de compréhension, faute de bonne lecture de mes pensées ?*

P. E. — Jusqu'au XIXe siècle, on emploie « faute d'orthographe » pour « erreur » au sens le plus large. Les manuels scolaires, dans un cas comme le nôtre, mettent une note du type : « Comprenez : les fautes d'appréciation. » Car il y aura toujours un spécialiste pour savoir ce que « l'auteur a voulu dire ». Mais Marivaux a écrit exactement ce qu'il a voulu, « fautes d'orthographe » et rien d'autre, et c'est à chacun de construire le sens de cette métaphore. Je ne sais pas comment le font les élèves des cités, mais j'imagine qu'ils s'en arrangent très bien parce que, les fautes d'orthographe, ils connaissent. On peut supposer qu'Arlequin fait une allusion voilée aux méprises dues à son travestissement puisqu'il a pris la place de son maître. On peut surtout en déduire qu'Arlequin et Lisette, valet et servante en 1730, sont censés avoir eu connaissance, directement ou non, de ce qui allait devenir l'instrument d'humiliation favori de l'école française, l'épreuve de l'orthographie comme lieu premier du contrôle social.

M. B. — *Oui l'ortho-graphie : une écriture droite, sans fautes.*

P. E. — Cette orthographe vénérée et redoutée qui enferme nos enfances dans l'univers de la faute. Mais aussi — en tant qu'instance de la lettre — de la loi symbolique.

M. B. — *Alors justement : quelles sont les idées fausses et vraies qu'on entretient sur l'orthographe ? Paul Valéry disait que l'orthographe française était la plus imbécile du monde.*

P. E. — Académicien français et professeur au Collège de France, il stigmatisait « la criminelle orthographe » qu'il considérait comme « une des fabrications les plus cocasses du monde », « un recueil impérieux ou impératif d'une quantité d'erreurs artificiellement fixées par des décisions inexplicables », prises — l'oubliait-il ? — par ses prédécesseurs et confrères en immortalité. Les linguistes, qui ont fait un travail considérable sur l'orthographe du français depuis quelques décennies, ont un jugement un peu différent. Notre orthographe lexicale actuelle présente un ensemble inextricable d'inconvénients et d'avantages qui incite à une sévérité plus circonspecte que celle de Paul Valéry, maintenant du moins qu'un bon nombre des graphies les plus arbitraires, les plus fantaisistes et les plus irrégulières ont été corrigées par les rectifications de 1990 — proposées par le Conseil supérieur de la langue française et approuvées par l'Académie française. Elles sont aujourd'hui à la libre disposition des usagers de la langue. Peu enseignées en France, contrairement à ce qui se fait en Belgique, en Suisse et au Québec, elles sont très largement reprises par les dictionnaires courants (et même intégralement par le dictionnaire Hachette depuis 2003, et par la neuvième édition, en cours de publication, du dictionnaire de l'Académie), et se trouvent aussi de plus en plus souvent proposées par les logiciels professionnels de correction orthographique des ordinateurs.

Notre orthographe lexicale, on le sait, est marquée par le choix fait par l'Académie dès la première édition de son dictionnaire, en 1694, de « l'ancienne orthographe » contre « l'orthographe moderne » suivie par la plupart de nos classiques. Elle a privilégié ainsi une graphie savante censée donner accès à l'origine ou à l'histoire des mots, et favoriser leur regroupement en familles. Ce qui, pour une langue dont le vocabulaire est essentiellement issu du latin et, en second lieu, du grec mais a connu, au cours des siècles, une très forte évolution phonétique, conduit à des graphèmes différents pour un même son et inversement.

M. B. — *Et à la présence de lettres n'ayant aucun correspondant dans la prononciation.*

P. E. — Elle a validé le choix étymologisant de Robert Estienne un siècle et demi plus tôt. Avec bien des conséquences. Le rétablissement de consonnes finales qu'on ne prononçait plus contribue certainement au maintien de nombre de liaisons facultatives dans la prononciation surveillée d'aujourd'hui, mais cause aussi d'énormes difficultés d'apprentissage, sans que les maîtres soient suffisamment formés pour faire profiter les élèves des trésors d'histoire de la langue inscrits dans ces graphies absconses, lorsqu'elles ne sont pas erronées. Je crois qu'il était utile de proposer aux francophones, à la fin du XXe siècle, les rectifications qui s'imposaient le plus en ce qu'elles s'appliquaient aux formes qui sont cause de la majorité des « fautes intelligentes », c'est-à-dire des graphies contraires à la norme de l'édition de 1935 du dictionnaire académique mais qui reposent sur un calcul rationnel, une régularisation (*charriot* comme *charrette* ou *évènement* et *allègement* comme *avènement*, etc.).

M. B. — *Et tu as directement participé à cette mini-réforme.*

P. E. — J'ai contribué à mettre en place le dispositif qui est parvenu aux propositions de 1990, qui sont l'aboutissement d'un siècle d'efforts des spécialistes pour effectuer une modernisation sans bouleversement. Les recommandations d'aménagement proprement dites ont été rédigées par des savants reconnus, parmi lesquels Nina Catach, auteur du *Dictionnaire historique de l'orthographe française,* André Goosse, le responsable actuel du célèbre *Bon usage* de Grevisse, ou le grand linguiste structuraliste André Martinet.

Comme je viens de le dire, ces propositions, déclarées correctes par l'Académie, sont amplement diffusées par les dictionnaires. Elles n'ont jamais été destinées à être imposées à qui que ce soit et ne visaient qu'à élargir les libertés déjà offertes par les conventions orthographiques. Les élèves peuvent s'en emparer *ad libitum* et nul jury d'examen ou de concours ne peut leur en faire reproche. Mais les Français peuvent aussi bien utiliser les formes de 1935, voire, en dehors du système d'enseignement, s'intéresser à celles des dictionnaires antérieurs, de l'Académie ou autres, comme le splendide dictionnaire de Richelet de 1680, que semble avoir suivi d'assez près la marquise de Sévigné, par exemple, à cent lieues des choix de l'Académie. Mais il faudrait surtout que les usagers du français soient conscients qu'une toute petite partie seulement de notre vocabulaire est pourvue d'une norme orthographique académique : la dernière édition complète du dictionnaire de l'Académie ne comprend que trente-cinq mille mots, alors que nos dictionnaires courants en comprennent le double, et la langue française plus de deux millions.

M. B. — *Il n'y a donc pas en France d'orthographe officielle s'imposant aux citoyens ?*

P. E. — Il n'y en a jamais eu, d'aucune sorte, c'est même une liberté garantie par la Constitution : « tout citoyen peut écrire librement ». Mais dans le système d'enseignement, supérieur compris, les élèves et les maîtres, eux, sont tenus de suivre l'orthographe scolaire, et, quoi qu'on puisse penser de ladite orthographe, cette obligation me paraît indiscutable. Reste que cette orthographe scolaire n'est pas réglementée. Comme le rappelait, en 1991, le ministre de l'Éducation nationale dans le *Journal officiel* en réponse à la question écrite d'un parlementaire, et contrairement à ce que s'imaginent les Français et notamment les enseignants : « *En matière d'orthographe il n'a jamais existé de réglementation. Les dictionnaires constituent la référence pour les enseignants et leur évolution est déterminante en la matière.* » Sur l'orthographe grammaticale (les formes flexionnelles, les accords de toute sorte...) il y a un consensus des manuels, et mis à part l'accord du participe passé, il n'y a guère de discussion entre spécialistes. Pour l'orthographe lexicale, l'élève est soumis aux choix qu'opère son enseignant parmi les diverses graphies proposées par les différents dictionnaires du commerce, lesquels varient largement pour une part non négligeable du vocabulaire : de dix à quinze pour cent des mots selon des calculs effectués à la fin des années quatre-vingt — ce qui ouvre, à l'intérieur même de la norme scolaire, une intéressante marge de variation pour l'orthographe dite d'usage. Je le disais tout à l'heure : aujourd'hui, deux dictionnaires proposent l'ensemble des « rectifications orthographiques » de 1990, alors que les autres y font leur marché chacun à sa guise.

M. B. — *Dire que j'ai perdu dix points à l'agrégation à cause de mes* évènements *et autres accents aujourd'hui acceptés par tous les dictionnaires...*

P. E. — Ta copie n'est pas tombée entre les mains d'un correcteur éclairé, car, même à l'époque, les dictionnaires offraient quelques libertés... Je pense au merveilleux professeur de grammaire et de philologie dont je suivais l'enseignement à la Sorbonne. Quand on lui apportait en tremblant une thèse, en s'excusant par avance des fautes d'orthographe qui avaient pu échapper à la relecture, « Laissez, laissez, disait-il, ne les corrigez surtout pas : ça fera quelque chose à dire aux ânes du jury ! ».

M. B. — *Tu connais l'adage : « L'orthographe est la science des ânes. » Ils étaient en troupeau dans le jury qui m'a recalé. Une chance, finalement.*

P. E. — On ne peut négliger que, pour certains usagers, illogique et pleine de fantaisie, l'orthographe française a ses charmes, auxquels se plaisent à succomber les nombreux amateurs des concours de dictée. Mais elle a longtemps été, et demeure parfois, l'instrument brutal d'une sélection tout à fait abusive, car la maîtrise d'une orthographe lexicale du type français n'a rien à voir avec quelque forme que ce soit d'intelligence, ni avec la maîtrise de la langue, comme le prouve assez l'orthographe manuscrite de nos classiques dont on devrait bien présenter aux élèves les manuscrits. Mais aujourd'hui, par bonheur, les dictionnaires et l'Académie ont adopté une politique de la variante lexicale, et ceux qui écrivent beaucoup le font sur ordinateur, où ils peuvent recourir aux correcteurs électroniques.

M. B. — *Lesquels ne sont pas très au point, tout de même...*

P. E. — Ils s'améliorent, du moins pour l'orthographe lexicale, l'orthographe dite grammaticale échappant largement à leurs capacités. Reste que l'orthographe ne me paraît plus, dans cette configuration, constituer en soi un problème majeur, pour peu que l'ensemble des acteurs sociaux s'accordent pour ne plus s'en servir pour quelque sélection, évaluation ou classement que ce soit. L'orthographe d'aujourd'hui, comme celles d'hier et celles de demain, n'est pas « criminelle », si on ne lui accorde pas plus d'importance qu'elle n'en mérite. Les orthographes, multiples, fluctuantes et évolutives, sont des conventions sociales, elles ne relèvent pas de la loi républicaine : elles n'ont pas force d'obligation pour l'adulte qui demeure parfaitement libre de s'y conformer ou non. La majorité des francoscripteurs d'ailleurs ne se font pas faute, c'est le mot, de violer, par ignorance ou par négligence, la convention orthographique en vigueur chaque fois qu'ils prennent le stylo ou le clavier. On peut rapprocher les changeantes conventions orthographiques, qui habillent successivement nos mots, des conventions vestimentaires. En France un homme ne porte généralement pas la jupe ; mais nul ne songe à conspuer un porteur de kilt sur les Champs-Élysées. Écrire *chariot* ou *charriot, maître ou maitre, quincaillier* ou *quincailler, un sèche-cheveux* ou *un sèche-cheveu,* toutes formes admises aujourd'hui par l'Académie, ne devrait pas attirer davantage de remarques.

Dès lors qu'on connaît l'origine de l'orthographe lexicale et son histoire, on cesse d'humilier ceux qui prennent de la liberté avec la forme éphémère qu'elle présente à chaque époque, où d'ailleurs elle ne cesse de se modifier. Rien n'est plus instructif que de comparer l'édition présente des divers dictionnaires publiés simultanément par le même éditeur Robert : des uns aux autres, les variantes orthographiques abondent.

M. B. — *À l'école, ce serait plutôt comme pour le voile ou la coiffure des Sikhs : on n'a pas le choix. Le kilt y est-il accepté ?*

P. E. — Pour son équivalent orthographique tout dépend de la science des maîtres en matière de variantes. C'est utile, les conventions sociales, ça crée le minimum nécessaire d'harmonie dans le vivre ensemble. Mais à condition que, hors système scolaire, quelques non-conformistes, genre Queneau, combattent régulièrement l'ennui de l'uniformité avec des « *Polocilacru* » et des « *Stèfstu esténoci* »... Un des avantages paradoxaux de l'orthographe du français, c'est que sa difficulté est telle qu'elle n'est jamais entièrement respectée par personne, ce qui brise le carcan de la norme. La première fois que j'ai reçu un mot manuscrit d'un académicien français, j'ai compté trois « fautes » en quinze lignes, ce qui m'a rassuré sur l'humanité des Immortels. Je suis partisan de respecter l'orthographe en vigueur, toutes variantes académiques comprises cela va de soi, mais en même temps de la désacraliser. J'aimerais que, socialement, un Français ne souffre pas plus de ses fautes d'orthographe que de ses fautes de calcul. Le problème, à mes yeux, vient de ce que les Français en général, même lettrés, ne connaissent pas l'histoire de l'orthographe qui n'est pas enseignée là où elle aurait sa place : dans le secondaire. Aussi la plupart d'entre eux, frappés d'une amnésie de la genèse de l'écriture de leur langue, partagent-ils une mythologie étrange où les mots auraient de toute éternité une forme écrite naturelle unique, descendue tout armée du ciel des langues habiter nos dictionnaires d'aujourd'hui — présumés tous strictement semblables par définition et dont les lecteurs semblent supposer qu'ils n'ont pas d'auteurs mais de simples « collecteurs », les professeurs ne leur ayant guère ouvert la fabrique de l'orthographe ni le mode de travail des lexicologues, avec leurs hésitations, leurs oppositions, leurs changeantes décisions.

M. B. — *Faudrait-il leur enseigner l'ancien français ?*

P. E. — Sans même remonter à l'ancien français, donner au moins une idée de l'histoire de l'orthographe du français moderne aux adolescents d'aujourd'hui. Peut-être cesseraient-ils alors de confondre la langue française avec l'orthographe du moment.

M. B. — *Moi qui depuis l'enfance ne fais pas d'autre sport que lire et écrire, je suis obligé de prendre régulièrement mon « dictionnaire des difficultés » pour accorder mes participes passés selon la place du complément d'objet. Je suis peut-être un peu borné, mais ça n'entrera certainement pas plus facilement dans la tête des jeunes gens à venir. Néanmoins, toutes ces bizarreries, le circonflexe des verbes* paraître *ou* connaître *qui s'en va ou qui revient selon le temps ou la personne employés, cela représente une histoire de la langue. Et si on le gomme, est-ce qu'on ne va pas perdre une partie de l'archéologie de la langue ?*

P. E. — L'archéologie de la langue, et particulièrement de la forme graphique de la langue, mais c'est précisément ce que gomme l'orthographe moderne, surtout quand on n'informe pas les Français des variantes dont ils disposent. Le circonflexe dans *connaître* n'est absent, classiquement, que devant *s* (*connaissait*) puisqu'il est censé représenter le *s* disparu du latin *cognoscere*. Mais ne pas l'écrire, comme c'est légal dans l'enseignement depuis l'arrêté Haby de 1976, et académiquement correct depuis 1990, renvoie aussi à l'histoire du mot tout en la poursuivant : le mot apparaît au XIe siècle sous la forme *conoistre,* mais en français moderne il s'est d'abord écrit *congnoistre*, puis, dans la première édition du dictionnaire de l'Académie, *cognoistre* ou *connoistre* ; ce n'est que dans l'édition de 1740 qu'il prend un circonflexe, mais précédé d'un *o*, *connoître* et c'est en 1835 seulement qu'il prend la forme *connaître*. Souffres-tu vraiment de la perte du *g* étymologique, que tu conserves en revanche dans *cognitif* ?

Les réformes effectuées dans chacune des éditions du dictionnaire de l'Académie ont effacé l'orthographe antérieure, à commencer par la première, celle de 1694, qui a supplanté toutes les orthographes la précédant, celles de Rabelais ou Montaigne ou des grands grammairiens et lexicologues du XVIe, mais aussi, pour le français moderne, toutes celles qu'avaient suivies les auteurs classiques du XVIIe. La seule façon de ne pas occulter l'histoire des mots écrits en français serait de modifier radicalement la politique adoptée par l'édition des auteurs classiques, qui consiste, hélas, à les proposer aux élèves dans l'orthographe moderne. C'est désastreux pour l'histoire de la langue écrite, dont l'histoire de l'orthographe est une partie indispensable. Passe encore qu'on le fasse pour le moyen français (qui va du début de la guerre de Cent Ans jusqu'à la fin du XVIe siècle), dont la langue est trop éloignée de la nôtre pour être proposée telle quelle aux élèves du secondaire — encore que la meilleure solution serait, à mon sens, de leur présenter de courts extraits de Rabelais, par exemple, sous la forme originale, accompagnés d'une traduction en français moderne. Mais pour le français moderne, commençant avec le XVIIe siècle, il est très regrettable qu'on ne réédite pas les textes dans l'orthographe et la ponctuation de la dernière édition parue du vivant de l'auteur. Molière a écrit *Le Misantrope,* et jamais *Le Misanthrope* : il serait juste que les malheureux couverts d'opprobre pour avoir oublié ce *h* en soient informés. Faire lire Racine, La Fontaine ou Molière en orthographe moderne, voilà qui attente à l'histoire de la langue. Et sans aucune autre raison que d'entretenir les élèves dans l'illusion que l'orthographe qu'on leur impose serait intemporelle, éternisée. L'histoire de notre langue écrite est beaucoup trop riche pour pouvoir se résumer en une seule forme graphique, ancienne ou actuelle. L'important est de le savoir et de cesser de sanctuariser la forme éphémère que nous enseignons — à juste titre : il faut une convention — à un moment de cette histoire continue. D'ailleurs, on ne devrait jamais parler de l'orthographe du français mais de ses orthographes, le pluriel venant rappeler que les formes normatives n'ont pas cessé d'être modifiées et le seront inévitablement encore dans l'avenir de la langue.

M. B. — *La France a toujours eu un petit problème avec l'éternité, dirait-on. Voir « la France éternelle » du général de Gaulle...*

P. E. — Pour les participes passés qui t'embarrassent, peut-être pourrais-tu t'inquiéter moins de la règle scolaire : personne ne t'impose, à toi, citoyen majeur, de la suivre. Les conventions ne sont pas des prisons. En 1900, l'arrêté Leygues imposait la tolérance de l'invariabilité du participe passé avec *avoir* dans tous les cas ; mais il n'a jamais été appliqué, et fut abrogé dès l'année suivante. Cependant j'ai l'heureux souvenir d'une des premières interventions publiques de Valéry Giscard d'Estaing après son élection à la présidence de la République, où il avait prononcé : « les décisions que j'ai pris (...) ». Le lendemain, un quotidien lui faisait la leçon marotique. Il avait répondu, en substance, qu'il appliquait toujours la règle à l'écrit mais qu'à l'oral cet usage lui paraissait un peu affecté. Ce qui était assez bien vu, car cet accord est très minoritaire à l'oral, et depuis bien longtemps. Le Président manifestait publiquement sa liberté de citoyen de parler librement la langue, se conformant en l'occurrence à l'usage général. Qui l'en blâmerait ?

M. B. — *Pas l'Académie, j'imagine, puisqu'elle l'a glorieusement accueilli en son sein.*

P. E. — Pour en finir avec l'accord du participe passé, note bien que, depuis 1990, l'Académie et l'Université, en France comme en Belgique, s'accordent pour t'autoriser à conserver invariable le participe passé de *laisser* lorsqu'il est suivi d'un infinitif.

M. B. — *Ça n'est pas le Pérou mais c'est toujours bon à prendre.*

P. E. — L'orthographe actuelle, avec ses nombreuses variantes également admises, ne nécessite pas de nouvelle intervention aujourd'hui. Mais elle doit être remise à sa place, et personne ne devrait se voir priver d'un métier pour lequel il est compétent sur la base d'une dysorthographie, comme ce fut longtemps le cas dans notre pays. À la fin des années 80, l'Assistance publique ne parvenait plus à recruter un nombre suffisant de ce qu'on appelait encore des « filles de salle » pour les hôpitaux, parce que le concours public pour ces postes comportait une dictée et que les candidates y échouaient massivement ; le ministère a consenti à supprimer la dictée. Il faut faire de l'orthographe un usage raisonnable. D'autant que les correcteurs électroniques contribuent fortement à maintenir un certain respect de la convention en usage.

M. B. — *Beaucoup de logiciels pourtant soulignent des fautes qui n'en sont pas et en induisent d'autres.*

P. E. — Ce qui me paraît vraiment tout à fait important, c'est qu'ils proposent des choix, ce qui devrait amener le scripteur à réfléchir sur la langue. Mais, plutôt que d'éloigner l'ordinateur de la classe de français, il faudrait apprendre aux élèves à s'en servir, à s'interroger sur les différentes formes qui leur sont proposées et donc sur le sens de leurs phrases. Là encore, l'enseignant est un intermédiaire indispensable.

Un dernier mot sur les pièges de l'orthographe. Le français comporte une série de digraphes correspondant aux lettres grecques : *ch, ph, rh, th,* graphies complexes mais qui ont l'intérêt de signaler l'origine grecque des mots. À condition que ce soit bien le cas. Connais-tu la très belle histoire du *nénufar* proustien ?

M. B. — *Dis toujours. J'ai plutôt retenu celle du* catleya.

P. E. — Tout lecteur de la *Recherche* se souvient du malheureux nénufar de la Vivonne, jamais en repos et paraissant souffrir de neurasthénie comme la tante Léonie. Mais il ignore que c'est un rescapé. Le mot *nénufar* a été introduit en français au XIIIe siècle, sous la forme *nenufar,* provenant du sanscrit *nilotpala,* qui signifie « lotus bleu », par l'intermédiaire du persan *nilufar* transmis par l'arabe *ninufar.* À la même époque, le latin médiéval l'écrit *nenuphar.* De sa première à sa septième édition incluse (1878), le dictionnaire de l'Académie l'a écrit *nenufar* puis *nénufar,* et c'est cette orthographe académique qu'a suivie Marcel Proust. Mais dans sa huitième édition (1932-1935) l'Académie lui substitue brutalement la forme *nénuphar.* Aussitôt les correcteurs professionnels des maisons d'édition et des journaux déclenchent un terrible massacre de nénufars, les traquant dans tous les manuscrits et dans les textes réédités, jusqu'à faire disparaître ce descendant naturel du lotus bleu au profit de l'étrange OGM tout nouvellement planté quai Conti. Mais la Maison Gallimard, en toute indépendance, et par culpabilité peut-être du mauvais accueil qu'elle avait fait de prime abord à *Du côté de chez Swann,* a sauvé ce nénufar-là, qui s'est maintenu dans le texte à travers toutes ses éditions successives. À partir de ce miraculé, depuis qu'en 1990 l'Académie a admis à nouveau comme correcte la forme qu'elle avait prônée durant deux siècles et demi, l'espèce renaît, se développe, comme on l'attend du dernier ourson brun des Pyrénées, et on peut espérer désormais en voir fleurir à nouveau des tapis entiers dans nos livres.

M. B. — *Nous irons voir bientôt si les nénufars ont poussé leur reconquête jusqu'au bassin du jardin du musée Rodin.*

IV

Au musée Rodin

MICHEL BRAUDEAU — *L'hôtel Biron, avant de devenir le musée Rodin, en 1919, a abrité Henri Matisse, Isadora Duncan, Rainer Maria Rilke et le très volubile Jean Cocteau. Pas seulement des statues muettes...*

PIERRE ENCREVÉ — Pourvu qu'il se mette à pleuvoir, que nous soyons obligés d'entrer dans l'hôtel où l'étonnante *Iris messagère des dieux* accueille le visiteur.

M. B. — *Les sculptures dans le jardin suffisent pour l'instant à mon bonheur. Mais, pour continuer de converser, la proximité avec l'hôtel Matignon, deux cents mètres plus loin dans la rue de Varenne, nous ramène aux relations de l'État et de la langue, au moins pour l'orthographe puisque c'est là-bas qu'avait été prise, en 1989, la décision de toucher à ce tabou républicain. Tu m'as surpris, aux Buttes-Chaumont, quand tu as parlé de la liberté dont les citoyens disposent pour les différentes formes orthographiques.*

P. E. — En France, contrairement, par exemple, à la situation aux États-Unis à l'égard de l'anglais, la pression normative est telle que les usagers du français oublient, en général, qu'il n'y a aucune contrainte légale qui pèse sur l'emploi privé de la langue, et donc sur l'orthographe, et que l'État n'intervient sur l'usage individuel que dans le cadre de l'enseignement — où s'impose à juste titre la norme scolaire. En dehors de l'enseignement chacun, à son gré, suit la norme scolaire ou ne la suit pas. Tu terminais notre dernière conversation sur une allusion aux *catleyas* chers à Odette et à Swann. La forme retenue par Proust illustre bien la liberté orthographique. Gallimard imprime ces *catleyas* avec un seul *t*, chez Proust et, à la même époque, des *cattleyas*, chez Gide par exemple, avec deux *t*.

M. B. — *D'où vient le mot* catleya ?

P. E. — D'après les historiens du lexique, tout droit du nom de William Cattley, un orchidophile britannique à qui le botaniste John Lindley a rendu hommage en donnant son patronyme à cette variété qu'il avait découverte. Gide a suivi l'étymologie, un des fondements de principe de l'orthographe du français. Renvoyer cette fleur à ce Cattley, pourquoi pas, mais Proust a autre chose en tête : sa métaphore, « *faire catleya* », veut, au contraire, détacher le mot du dictionnaire et de quelque botaniste barbu que ce soit pour le « privatiser » à l'intention d'Odette et de Swann.

M. B. — *Rappelons aux oublieux que c'était, pour eux, faire l'amour.*

P. E. — Proust retranche un *t*, le souvenir de M. Cattley disparaît et *catleya* prend une place privilégiée dans la langue amoureuse privée de ses deux personnages, avec des évolutions libres, comme « *faire un bon petit catleya* », où le mot a brisé toutes ses amarres botaniques et britanniques.

M. B. — *Donc, Proust bouscule l'orthographe pour* catleya *comme pour* nénufar.

P. E. — Il fait ce qui lui convient en tant qu'écrivain. Dans le cas de *nénufar,* il se trouve qu'il suit la convention académique de l'époque, tandis que le mot *cattleya* (ou *catleya*) n'était pas dans le dictionnaire de l'Académie qu'il a pu connaître, lui, celui de 1878.

M. B. — *Il était un auteur tellement sacré qu'on lui a laissé son* nénufar *et son* catleya *personnels.*

P. E. — Plus : comme c'est *Un amour de Swann* qui a diffusé ce nom de fleur dans la littérature, cette orthographe — dont j'ignore s'il l'avait inventée — est rapidement devenue aussi canonique que l'autre, en dépit des puristes et des botanistes, et, dans les emplois littéraires, c'est l'orthographe proustienne qui l'a emporté. Mais Proust n'est pas le seul grand écrivain du XXe à prendre des libertés avec la science des lexicologues. Dans son dernier livre, *Le Tramway,* Claude Simon écrit *llose,* à la catalane, alors que les dictionnaires proposent déjà quatre variantes pour ce mot : *lause, lauze, lose* ou *loze.* Là encore, l'écrivain arrache le mot à son ou plutôt, en l'occurrence, ses orthographes convenues pour le plier à ses besoins.

M. B. — *Claude Simon était un grand lecteur de Proust, il lui aura repris ses licences.*

P. E. — Proust est au XXe siècle un des écrivains majeurs qui a le plus explicitement revendiqué sa liberté à l'égard de toute convention académique ou puriste d'écriture, au moment même où il plongeait définitivement dans son œuvre. Dans la lettre à Mme Straus de janvier 1908, que j'ai évoquée dans notre première rencontre mais qu'on ne diffuse guère dans nos lycées, il a une série d'affirmations qu'on devrait bien faire lire à nos éternels pleureurs du français perdu : « *Les seules personnes qui défendent la langue française (comme "l'Armée pendant l'Affaire Dreyfus") ce sont celles qui "l'attaquent". Cette idée qu'il y a une langue française, existant en dehors des écrivains et qu'on protège, est inouïe. Chaque écrivain est obligé de se faire sa langue, comme chaque violoniste est obligé de se faire son "son". (...) La seule manière de défendre la langue, c'est de l'attaquer, mais oui, madame Straus ! Parce que son unité n'est faite que de contraires neutralisés, d'une immobilité apparente qui cache une vie vertigineuse et perpétuelle.* » Et encore, à propos d'un « puriste » ami de la destinataire, cette phrase que j'ai souvent citée à mes étudiants pour les introduire à la théorie linguistique et que j'aimerais voir figurer en tête de tout manuel de grammaire : « *Cet homme plein de scepticisme a des certitudes grammaticales. Hélas, madame Straus, il n'y a pas de certitudes, même grammaticales.* »

M. B. — *L'incertitude sied à Marcel.*

P. E. — C'est à ce doute grammatical, à cette prise de liberté entière que nous devons une des plus éclatantes « défense et illustration » de la langue française : par l'œuvre. Mais chacun sait que Proust a commencé par payer cher sa liberté d'écriture, Gide n'ayant pas supporté, à première lecture, les fameuses « vertèbres » transparaissant sur « le triste front pâle » de la tante Léonie. Lui aussi avait des certitudes sur la langue ; voilà pourquoi sans doute il choisit d'écrire *cattleya* et non *catleya*.

M. B. — *Gide et Proust se croisant à la* NRF, *belle*

époque ! Le plus libre des deux n'est pas l'auteur de Corydon. *Est-ce un reste de calvinisme ?*

P. E. — Sait-on jamais ? Mais Proust ne faisait que se saisir d'une liberté dont chacun dispose quoique nul n'ose en user. La langue appartient à ses usagers, elle n'appartient pas à l'État, ni aux correcteurs. En revanche, l'État a des responsabilités à l'égard de la langue.

M. B. — *Si je comprends bien, tu es obligé d'appliquer la règle d'accord du participe passé avec* avoir *jusqu'au bachot, ou au doctorat, et après tu peux très bien ne plus l'appliquer.*

P. E. — Exactement. En tant qu'élève, étudiant ou enseignant, tu es tenu d'accorder en genre et en nombre avec son objet direct le participe passé d'un verbe conjugué avec *avoir* lorsque ce complément est situé avant le verbe, et de le laisser invariable lorsque l'objet est situé après. Mais, en tant qu'écrivain, tu es absolument libre de laisser le participe passé invariable dans tous les cas, solution qui aurait la préférence de la plupart des linguistes, ou, au contraire, de l'accorder dans tous les cas, selon l'usage de l'ancien français que suivait encore Ronsard. Comme tu sais, mais comme, hélas, la plupart des professeurs des écoles, collèges et lycées oublient d'en informer leurs élèves, la règle actuelle a été explicitement avancée par Clément Marot, en imitation de l'italien qui lui paraissait la langue modèle (on est avant Du Bellay), et elle n'avait, en principe, aucune raison d'être suivie par tout le monde. Toutes les enquêtes démontrent qu'elle n'est qu'exceptionnellement appliquée à l'oral, où d'ailleurs elle n'a de trace audible que dans très peu de verbes (à peu près un pour cent), mais souvent d'usage fréquent. Pourtant, à l'écrit, l'école républicaine a fini par l'imposer à tous, trois siècles après que cet espiègle et génial poète l'eut exposée dans une strophe de ses *Épigrammes,* la proposant par jeu savant aux lettrés de son temps dans l'entourage « évangélique » de Marguerite d'Angoulême. J'aimerais, à la suite des linguistes Nina Catach et Michel Arrivé, qu'on le cite dans l'orthographe, très moderne pour l'époque, du grand éditeur lyonnais Jean de Tournes, en 1558 :

Nostre langue ha ceste façon,
Que le terme qui va devant,
Volontiers regit le suivant (...)
Il faut dire en termes parfaits,
Dieu en ce monde nous ha faits :
Faut dire en paroles parfaites,
Dieu en ce monde les ha faites.
Et ne faut point dire en effect,
Dieu en ce monde les ha fait :
Ne nous ha fait pareillement,
Mais nous ha faits tout rondement.

Marot ne pouvait imaginer qu'on se servirait un jour de ces quelques vers plaisants pour discipliner tout un peuple... Auteur supposé, avec Tory, d'un petit traité d'orthographe qui a jeté les bases de l'accentuation moderne, *La Briefve Doctrine,* il en serait probablement assez contrit, ayant eu l'esprit plutôt libertaire. Ironie de l'histoire, alors que sa superbe traduction des *Psaumes* en vers français était interdite au royaume de

France, l'accord dit « marotique », complètement artificiel, extérieur à notre langue, rejeté par Ronsard (« *Mignonne allons voir si la rose Qui ce matin avait déclose Sa robe* », et non pas « déclos » comme on l'imposerait aujourd'hui) mais aussitôt suivi à Genève par Calvin, qui faisait aussi chanter ses *Psaumes,* est devenu, au cours des siècles, la vache sacrée par excellence de notre orthographe grammaticale...

M. B. — *Ce serait un accord « réformé » ?*

P. E. — Œcuménique plutôt, puisque Marot l'appuie sur l'italien papiste. Il a mis longtemps à s'imposer et il a toujours été discuté par les écrivains et les linguistes.

M. B. — *Avec les verbes pronominaux, cet accord devient effrayant. L'appliques-tu toi-même ?*

P. E. — Ce système beaucoup trop compliqué, et très mal assuré, date du XIXe. On peut l'assumer, ne serait-ce qu'en hommage à Marot. Agent du système d'enseignement, j'essaie toujours de le suivre à l'écrit ; mais je suis enchanté que Proust, toujours lui, écrive, deux fois de suite, dans *Un amour de Swann* : « *As-tu vu la tête qu'il a fait ?* », ou encore « *Voyez la facture qu'il a fait* » dans *À l'ombre des jeunes filles en fleurs,* et Gide lui-même, dans *Les Faux-monnayeurs* : « *c'était cette pensée même qu'il a développé ce matin* »... En fait, comme la plupart des linguistes depuis plus d'un siècle, je suis partisan qu'on en revienne, dans l'enseignement, à la proposition de l'arrêté de tolérance du ministre de l'Instruction publique Georges Leygues du 31 juillet 1900.

M. B. — *Cet arrêté est totalement inconnu des francophones. Tu l'as déjà évoqué l'autre jour, mais tu n'as pas été très précis.*

P. E. — Il aurait été rédigé, dit-on, par le grand Ferdinand Brunot, doyen de la Sorbonne et auteur de la monumentale *Histoire de la langue française,* sur le rapport d'une commission *ad hoc* présidée par Gaston Paris, du Collège de France et de l'Académie française, et arrêtait ceci : « Pour le participe passé avec *avoir,* on tolérera qu'il reste invariable dans tous les cas où on prescrit aujourd'hui de le faire accorder avec le complément. Exemples : les livres que j'ai *lu* ou *lus* ; les fleurs qu'elles ont *cueilli* ou *cueillies* ; la peine que j'ai *pris* ou *prise.* »

M. B. — *C'est incroyable : on m'a enseigné le contraire à l'école. Mon instituteur connaissait-il ce texte légal ?*

P. E. — Non, sans doute, car un an plus tard, hélas, Leygues a reculé devant la protestation académique et l'a remplacé par un autre qui ne touchait pratiquement plus à ce fameux accord du participe. Pourtant les raisons invoquées dans l'arrêté de 1900 étaient sans appel : « *La règle d'accord enseignée actuellement à propos du participe passé construit avec l'auxiliaire* avoir *a toujours été plus ou moins contestée par les écrivains et les grammairiens. Peu à peu elle s'est compliquée de plus en plus ; les exceptions sont devenues de plus en plus nombreuses (...) Il paraît inutile de s'obstiner à maintenir artificiellement une règle qui n'est qu'une cause d'embarras dans l'enseignement, qui rend très difficile l'étude du français aux étrangers* »... Plus d'un siècle après, le constat est toujours aussi convaincant.

M. B. — *Mais pourquoi les maîtres n'ont-ils pas défendu des tolérances qui auraient tellement simplifié la vie de leurs malheureux élèves ? « Pour faire chier les mômes », je sup-*

pose, comme aurait dit Queneau, grand partisan d'une réforme radicale de l'orthographe ?

P. E. — Ou bien, raison plus sociologique, pour défendre leur « capital spécifique » : l'orthographe grammaticale, avec ses complications, est ce qui les distingue le plus de leurs élèves, surtout aujourd'hui où l'Internet donne à ces derniers accès à foule de savoirs autrefois réservés. En tout cas, il serait temps de revenir aux tolérances Leygues, mais sans intervention de l'État, par simple exercice de leur liberté par les usagers adultes du français.

M. B. — *Mais, moi, en tant que journaliste ou en tant qu'éditeur, quand je lis les manuscrits qui m'arrivent, il y a une sorte de surmoi linguistique qui m'oblige à corriger les participes passés, le redoublement des lettres, etc.*

P. E. — C'est cela la pression de la norme, particulièrement violente en France. On a retiré les crucifix des classes d'école mais les maîtres y ont imposé cette orthographe partout comme la divinité laïque même et, maintenant encore, tu vois ton instituteur sur ton dos quand tu es en train de corriger tes copies de *La NRF*. En réalité tu pourrais parfaitement décider de laisser les auteurs libres d'appliquer ou non l'accord de leur collègue Marot, pas plus expert qu'eux en orthographe divine.

M. B. — *La fleur que tu m'avais jeté.*

P. E. — Les participes que tu m'avais passé.

M. B. — *Donc, sorti de l'école, le locuteur est libre. Mais tu disais toi-même que l'État a quand même quelques responsabilités par rapport à la langue ?*

P. E. — Par rapport à la langue nationale, oui, mais non par rapport à la parole individuelle.

M. B. — *Langue et parole. Est-ce que tu entends par là la distinction entre l'écrit et l'oral ?*

P. E. — Non, évidemment, bien que ce soit la conception la plus commune : la linguistique spontanée des Français. Mais, comme tu t'en doutes, je me situe dans la tradition de Ferdinand de Saussure, pour qui la distinction entre les deux termes vaut, en fait, pour l'écrit comme pour l'oral. Il faut clairement distinguer entre la langue définie comme « trésor commun », le système collectif de signes qui est en principe à la disposition de tous dans une communauté linguistique, et dont, en effet, l'État est en partie responsable, ne serait-ce que parce qu'il a la charge de le faire enseigner à tous, comme langue orale et comme langue écrite ; et la parole, qui se définit comme l'usage individuel effectif de la langue, que ce soit sous la forme orale ou sous la forme écrite. Il y a deux réalités différentes. D'un côté le trésor commun, le répertoire lexical et l'ensemble des règles de toutes sortes (phonologiques, syntaxiques, sémantiques, pragmatiques, orthographiques), enregistré, « objectivé », dans les dictionnaires, les grammaires, les manuels ; et, de l'autre, il y a l'usage de ce « trésor commun » que fait chaque locuteur (ou groupe de locuteurs) à partir de la grammaire intériorisée, cognitive, qu'il s'est personnellement construite.

M. B. — *La parole, l'emploi de la langue sont contrôlés dans le cadre de l'école et du lycée. Et dans le cadre de la famille ?*

P. E. — Il y a aussi un apprentissage familial, exercé

par les parents et la fratrie, qui corrigent les usages de l'enfant qu'ils jugent fautifs. Mais ce contrôle familial est socialement très inégal. D'où, d'ailleurs, le poids portant sur le système d'enseignement. Mais dans les deux cas, le contrôle de l'usage vise en réalité à faire assimiler le système de la langue.

M. B. — *Il faut que les enfants comprennent les lois.*

P. E. — C'est d'abord, en effet, parce que l'État s'exprime en français qu'il enseigne cette langue à tous. Le rôle de l'État en matière de langue consiste d'abord à désigner la (ou les) langue officielle, ensuite à l'enseigner, à favoriser les recherches de toutes sortes à son sujet, à veiller à son enrichissement terminologique, éventuellement à l'aménager sur certains points, en veillant, par exemple à la variation orthographique ou à la simplification du langage administratif dont nous avons déjà parlé. Il doit aussi s'assurer que la langue est employée dans les sphères publiques, nationale et internationale, où elle est légalement obligatoire.

M. B. — *Mais dans ce cas, selon la définition saussurienne, il ne s'agit pas de la langue mais de la parole.*

P. E. — Oui, mais de la parole publique, pas de la parole privée. Il faut bien distinguer la responsabilité de l'État à l'égard de la langue et les limitations que, de ce fait, il peut imposer à sa propre parole dans l'usage des services publics, et, d'autre part, la liberté de parole (écrite ou orale, je le souligne) des citoyens. Il faut croiser la distinction saussurienne entre langue et parole avec la Déclaration des droits de l'homme, partie intégrante de notre Constitution, et spécialement son article XI qui porte sur la liberté d'expression et de communication, article qui fonde la liberté dont nous parlons depuis le début de cette conversation et dont les Français oublient souvent la portée : « *La libre communication des pensées et des opinions est un des droits les plus précieux de l'homme : tout citoyen peut donc parler, écrire, imprimer librement sauf à répondre de l'abus de cette liberté dans les cas déterminés par la loi.* » Comme il n'existe aucune loi sur l'orthographe ou la grammaire, on a toute liberté de les « attaquer » comme le souhaitait Proust. Il n'y a évidemment, cela va sans dire en démocratie, aucune loi qui impose aux citoyens de parler le français dans leurs usages privés.

M. B. — *Alors qu'il est normal que l'État s'interdise de parler, lui, une autre langue que la langue nationale et qu'il s'impose à lui-même la norme qu'il diffuse dans le système d'enseignement.*

P. E. — Exactement. Mais il peut aussi la faire évoluer. Enrichir de nouvelles variantes, de nouveaux termes le trésor commun, les imposer éventuellement dans l'usage des services publics, c'est en effet la responsabilité de l'État. S'agissant des usages privés de la langue, l'État peut naturellement proposer, mais il ne devrait en aucun cas imposer : il doit se garder de toute incursion autoritaire dans les emplois des usagers ne relevant pas des services publics. Ainsi l'État a eu raison de subventionner l'élaboration par le CNRS du *Trésor de la langue française*, le fameux *TLF* qui est le plus grand « dictionnaire de langue » dont dispose une langue occidentale. Mais il ne pourrait évidemment pas imposer aux citoyens français de n'user que de ces mots et dans les acceptions retenues par le dictionnaire.

Même chose pour les mots proposés par les commissions de terminologies.

M. B. — *Justement, tu me disais dans notre conversation précédente que tu avais des réserves sur la loi Toubon qui est précisément, je crois, une loi sur l'emploi de la langue française. Que lui reproches-tu ?*

P. E. — En fait, mes doutes et mes réserves ne portent guère sur la loi Toubon telle qu'elle a été finalement promulguée mais sur le projet de loi qui a été débattu au Parlement, avant que la loi en résultant ne soit soumise au Conseil constitutionnel.

M. B. — *Et le Conseil l'a censurée ?*

P. E. — En partie. En invoquant précisément l'article XI des droits de l'homme. C'est pour cette raison que la loi Toubon est un cas intéressant pour nous.

M. B. — *De quand date exactement cette loi ?*

P. E. — Elle a été promulguée le 4 août 1994. J'avais deux réticences à son égard. D'abord, sur le principe même d'une loi de « défense de la langue ». L'intention proclamée était de stopper l'adoption de mots anglais par les usagers de la langue française, dans l'idée de freiner la progression de l'anglais en France. Il est facile de constater, onze ans plus tard, que la loi n'a eu aucune efficacité là-dessus, et elle ne pouvait pas en avoir.

M. B. — *Pourquoi ?*

P. E. — Parce que c'est une stratégie de la ligne Maginot. André Maginot n'avait pas pensé qu'il y aurait des avions pour franchir sa fameuse ligne fortifiée. Les parlementaires de 1994 n'avaient pas remarqué qu'il y avait déjà foule de télécommunications et que pointait l'Internet...

M. B. — *... et la musique et les films.*

P. E. — On ne peut pas organiser la prétendue « défense de la langue française » par des lois d'interdiction. Récemment, un écrivain norvégien remarquait dans *Libération* que, contrairement à la situation d'il y a vingt ans, « aujourd'hui tout le monde parle anglais en France ». Il n'a pas tort : désormais, un visiteur trouve toujours quelqu'un, en France comme partout en Europe, pour lui répondre en anglais international. D'ailleurs, je te le disais déjà au Palais-Royal, la France y a mis le prix : elle enseigne l'anglais à tous les élèves. Comment, dans ces conditions, décourager les jeunes gens dans les *chats* et les forums, et dans leur vie quotidienne, d'employer constamment des mots venant de l'anglais et, d'ailleurs, de toutes les autres langues présentes en France ? En régime démocratique, aucune loi n'y peut rien. Pour moi la seule « défense » possible de la langue française, c'est celle de Joachim Du Bellay et de Proust : son « illustration », en encourageant sa « *vie vertigineuse et perpétuelle* », en ne cessant pas d'emprunter, d'assimiler, de faire bouger ce système de systèmes, de laisser l'évolution collective se faire.

M. B. — *C'est de l'employer le plus possible ?*

P. E. — L'employer surtout de manière à la rendre « illustre », c'est-à-dire de produire des discours, des textes, oraux et écrits qui provoquent le désir de les lire, de les traduire, d'apprendre la langue où ils sont apparus. Je ne pense pas du tout qu'une stratégie d'interdiction puisse si peu que ce soit protéger la langue française dans la situation où elle se trouve en France, en Belgique et en Suisse, c'est-à-dire dans une situation où elle n'est aucunement menacée dans son existence, quoi qu'en disent les Cassandre.

M. B. — *Et ta seconde réserve sur la loi Toubon ?*

P. E. — Elle portait sur la façon même dont on organisait cette « défense ». Car la loi, sous sa forme initiale, ne se bornait pas à imposer la langue française dans un certain nombre de cas (contrats de travail, modes d'emploi...) — ce qui est tout à fait normal et légitime et n'était pas nouveau. Elle y rajoutait l'interdiction du recours à « une expression ou un terme étrangers lorsqu'il existe une expression ou un terme français de même sens » dans certains usages des personnes morales de droit public mais aussi des personnes privées. Ainsi dans les modes d'emploi, la publicité, les affiches sur la voie publique et surtout dans l'ensemble des émissions de radio ou de télévision publiques ou privées. La formule employée dans le projet de loi était telle qu'elle menaçait tout le lexique d'origine étrangère, y compris celui qui est ancré dans nos usages depuis plus d'un siècle — je te le rappelais, je ne sais dans quel jardin, à propos de « water-closet » que, lors du débat parlementaire, Jacques Toubon jugeait « étranger ». Sans compter que, si un terme français équivalent n'existe pas, les commissions de terminologie sont là pour l'inventer. Bref, une application systématique de la loi aurait abouti, pour les usages visés, à une véritable « purification linguistique », comme la fameuse *Sprachreinigung* pratiquée en Allemagne aux années noires.

M. B. — *Adieu week-ends, teen-agers...*

P. E. — La loi cherchait évidemment à atteindre les mots anglais ou anglo-américains mais, comme il était diplomatiquement impensable de poser par la loi une telle discrimination, elle visait, sans distinction, tous les « termes étrangers » ayant un équivalent français. L'idée même de « termes étrangers » pose un problème linguistique sérieux, je le soulignais déjà dans notre conversation précédente. Je ne crois pas aux mots qui seraient français par « droit du sang ». Je ne considère pas qu'il puisse y avoir dans le français des « mots étrangers », mais seulement des mots d'origine étrangère qui, dès qu'ils sont adoptés par les Français, deviennent aussi français que les autres, par « droit du sol » en quelque sorte, ou plutôt par « droit du locuteur ».

M. B. — *Ils n'ont pas toujours le même sens que dans la langue d'origine.*

P. E. — Ni le même sens, souvent, ni, jamais, la même prononciation. La langue française est faite, chacun le sait bien, à partir de mots d'origines étrangères : latine majoritairement, grecque, germanique, celtique, et bien d'autres encore... Ce n'est pas « la langue de chez nous », c'est une langue venue d'ailleurs et qui n'a pas cessé de s'enrichir d'autres mots et tournures à l'humeur vagabonde.

M. B. — *Étiemble avait-il tort de partir en guerre contre le « franglais » ?*

P. E. — Le vrai *franglais,* à mon sens, c'est la langue anglaise, qui est, du fait de l'histoire — et notamment de celle que les rois français d'Angleterre ont contribué à écrire —, le croisement d'une langue germanique et d'un vocabulaire roman. Les langues qui ne sont pas autochtones, comme le français ou l'anglais, sont des langues dont le vocabulaire de base est composé de mots d'origine étrangère assimilés et intégrés dans la langue qui s'est développée à partir de la colonisation initiale. Et qui a continué de faire des « emprunts ». D'ailleurs ces mots que nous empruntons prennent des marques françaises : je dis un spaghetti et des ghettos, et jamais un spaghetto et des ghetti, c'est-à-dire que je parle français avec des vocables qui sont aussi présents en italien. C'est la « vie » normale des langues.

M. B. — *Scénarios et scenarii ça se discute, mais je ne connais pas de magasin de piani. Les Anglais qui font beaucoup d'emprunts au français, plus que nous à l'anglais, ne s'en plaignent jamais. Il est bien évident pour eux que* menu *et* restaurant *sont des mots intégrés à la langue anglaise.*

P. E. — Les rédacteurs de la loi dite Toubon n'ont pas mesuré que l'interdiction des « termes étrangers » menace directement la liberté d'expression et de communication : il est naïf de penser que la question de la liberté d'expression et de communication puisse ne porter que sur le « contenu » indépendamment de contraintes posées sur les termes qui le « véhiculent ». Ce n'est pas par hasard que les régimes ayant interdit les « mots étrangers » étaient tous dictatoriaux : régimes d'Atatürk, Mussolini, Hitler. Comme l'a très bien formulé Georges-Arthur Goldschmidt, en Allemagne nazie « la chasse au *Fremdwort,* au « mot étranger », est de même nature que la chasse au juif ». Très involontairement, en toute inconscience et en toute innocence, le projet de loi ouvrait un chemin dangereux.

M. B. — *Mais la loi Toubon ne visait pas les mots hébreux ou yiddish.*

P. E. — Explicitement non, bien sûr, et les rédacteurs du texte (qui venait de loin) sont là-dessus absolument insoupçonnables ; mais elle les atteignait quand même, telle du moins qu'elle avait été formulée à l'origine. Le projet de loi aurait interdit *de facto* l'emploi à la télévision et à la radio de *sniper* ou *dealer* bien sûr, mais également, conséquence non prévue, non voulue mais automatique puisqu'on ne pouvait pas cibler le seul anglais, l'emploi de mots aussi communs que *paparazzi* ou *tifosi* mais encore *shoah, shalom, aliah, intifada,* ou *taliban,* parce que ce sont des « termes étrangers » ayant des équivalents français. Limite grave, à mon sens, à la liberté d'expression.

M. B. — *C'était inapplicable.*

P. E. — Le Parlement a vu le danger. Il a réduit la portée de l'interdiction en la ramenant à celle qui existait jusque-là, due à la loi Bas-Lauriol de 1975, qui, dans à peu près les mêmes cas, se bornait à interdire les termes prétendument « étrangers » lorsqu'ils avaient un équivalent dans les termes approuvés par le gouvernement parmi les propositions des commissions de terminologie. Mais le Conseil constitutionnel a été beaucoup plus loin, supprimant purement et simplement l'interdiction des « expressions et termes étrangers » par une décision essentielle pour l'affirmation des droits linguistiques des citoyens, explicitant ce qui n'était qu'implicite dans la Déclaration des droits de l'homme.

M. B. — *Je n'ai aucun souvenir de cette décision.*

P. E. — Comme presque tous les Français, qui ignorent cette protection fondamentale de leur liberté d'expression établie par le Conseil constitutionnel, dont je te rappelle qu'aux termes de la Constitution, « les décisions ne sont susceptibles d'aucun recours » et « s'imposent aux pouvoirs publics et à toutes les autorités administratives ». C'est pourquoi j'ai apporté sa décision du 29 juillet 1994, pour te la lire face aux *Bourgeois de Calais* en chemise et la corde au cou : « *La liberté de communication et d'expression proclamée par l'article XI de la Déclaration des droits de l'homme et des citoyens implique le droit pour chacun de choisir le terme jugé par lui le mieux approprié à l'expression de sa pensée ; la langue française évolue en intégrant dans le vocabulaire usuel des termes de diverses sources, qu'il s'agisse d'expressions issues de langues régionales, de vocables dits populaires ou de mots étrangers.* » Le Conseil précise que cela vaut pour tous les usages privés, y compris sur la voie publique, mais aussi pour toute expression à la radio et la télévision, qu'il s'agisse de chaînes privées ou publiques.

Désormais, constitutionnellement, tout citoyen, en toute circonstance, peut choisir pour exprimer sa pensée en langue française les mots qui lui conviennent, quelle que soit leur origine. La liberté de communication des pensées et opinions, « un des droits les plus précieux de l'homme », a pris explicitement désormais sa dimension de droit linguistique. Sinon, au prétexte de la « défense de la langue », on risquerait de passer, insensiblement, dans un régime d'expression surveillée.

M. B. — *Que reste-t-il de la loi Toubon ?*

P. E. — Il reste tout ce qui s'applique à l'État, à qui il est loisible de s'interdire à lui-même l'emploi de termes d'origine étrangère, ainsi que l'imposition de la langue française à la radio et la télévision, dans l'enseignement et dans un certain nombre d'emplois privés (contrats de travail, modes d'emploi, affiches, etc.) à la manière de la loi Bas-Lauriol qu'elle abroge, mais, et c'est fondamental, sans que les mots d'origine étrangère puissent en être bannis même s'ils ont un équivalent officiel — toutes dispositions sur lesquelles désormais je n'ai plus rien à objecter. La chasse aux mots étrangers est définitivement fermée en France. Le premier devoir de l'État en politique de la langue est de garantir la liberté de la parole du citoyen.

M. B. — *Et le second, s'il y en a un ?*

P. E. — Pour moi, il concerne l'égalité linguistique des citoyens, l'égalité à l'égard de la langue nationale mais aussi à l'égard de leur langue maternelle. Le premier point constitue un idéal social inaccessible mais que la République française a le mérite de ne pas cesser de viser depuis les lois Jules Ferry. C'est un avantage indiscutable pour tous les habitants de la France de pouvoir bénéficier d'une langue qui est comprise par tous les autres. Mais est-ce que ce juste programme devait nécessairement s'accompagner de « l'anéantissement » des langues régionales réclamé par l'abbé Grégoire sous la Terreur et largement réalisé sous la IIIe République, le plus souvent à la grande satisfaction des parents d'élèves, surtout quand ils étaient eux-mêmes illettrés ? J'en doute.

M. B. — *N'oublions pas qu'en Bretagne on a longtemps vu dans les lieux publics des écriteaux indiquant : « Interdit de cracher par terre et de parler breton »...*

P. E. — Rien n'interdisait, au contraire, de respecter les langues maternelles et de partir de la connaissance qu'en avaient les enfants pour les mener au français. C'était d'ailleurs, d'après l'enquête de Victor Duruy à la fin du second Empire, la pratique la plus générale. C'est la perte de l'Alsace-Lorraine en 1870 qui a réveillé l'idéologie de la Nation en danger qui animait Barère et Grégoire. Liant, comme Bismarck, langue et nation, la IIIe République soupçonne les langues régionales de menacer l'unité de la patrie. En outre, elle adopte de façon sous-jacente la conception que l'homme est naturellement monolingue, bien que tout indique le contraire : l'homme est partout plus ou moins plurilingue, nous en avons déjà parlé.

M. B. — *Je me demande si Jules Ferry était vraiment animé par une idéologie du monolinguisme, ou bien n'était-ce pas plutôt un problème d'impérialisme linguistico-politique ? Cette façon de dominer la Bretagne, de dominer la langue d'oc, le Pays basque...*

P. E. — Sans doute mais les deux idéologies sont ici inséparables, sinon on aurait pu imposer la domination de la République indivisible tout en acceptant le bilinguisme régional. Pour Ferry, comme pour Grégoire, il s'agissait d'établir une langue unique pour construire une nation unie. « *Dans une république une et indivisible la langue doit être une* » proclamait le Comité de salut public en 1794. Idée abusive, puisqu'elle impliquait qu'on prive des dizaines de millions de locuteurs de leur langue maternelle pour leur imposer celle de ceux qui contrôlaient l'État.

M. B. — *Nous sommes loin de la loi Toubon.*

P. E. — Je n'en suis pas si sûr. Le projet de loi Toubon poussait la logique jacobine encore un peu plus loin : non seulement la République doit avoir une seule langue mais encore cette langue doit-elle autant que possible rester « pure » de tout mot venant d'ailleurs. Le rejet des mots immigrés n'est pas sans rapport d'ailleurs avec la question de l'immigration en général et cette crainte de la perte de l'identité qui la marque.

M. B. — *Juste un chouia...*

P. E. — Mais, comme le disait le grand linguiste autrichien Hugo Schuchardt, toutes les langues sont impures, mélangées, métèques. La capacité à emprunter tout en assimilant les emprunts est une preuve de santé pour une langue. Je n'ai pas peur de l'avenir, même linguistique. Je fais partie, je te le disais dès notre première conversation, de ceux qui estiment que le français se porte mieux que jamais, et qu'il a de grandes possibilités devant lui comme langue de culture internationale.

M. B. — *Va pour le français, mais les autres langues de France ?*

P. E. — En dehors des anciennes langues historiques de la France, dont on reparlera peut-être, on y trouve maintenant de grandes langues de l'immigration, l'arabe et le berbère, qui sont les langues les plus parlées après le français, et ces langues ne se défendent pas mal parce qu'elles ont une vitalité extérieure à la France.

M. B. — *Oui, mais en France elles ne sont parlées que dans les cités.*

P. E. — Et à Paris, à la Goutte d'Or... Conséquence des choix coloniaux de la IIIe République. À la fin du XIXe siècle, le directeur de l'École normale d'Alger,

Émile Masqueray, le fondateur des études berbères, avait proposé à Jules Ferry non seulement qu'on enseigne le français à tous les enfants algériens mais que les enfants de colons, de leur côté, soient obligés d'apprendre l'arabe ou le berbère à l'école publique. Jules Ferry semble s'être intéressé un temps à cette idée, mais elle est restée dans les cartons.

M. B. — *Colons et colonisés se seraient peut-être mieux entendus. Mais revenons au juste rôle de l'État face à la langue.*

P. E. — L'essentiel pour moi est de maintenir obstinément la distinction entre langue et parole, entre usages étatiques et usages privés, et avant tout, entre imposer et proposer. Ce qui se résume dans l'obligation pour l'État de respecter scrupuleusement la liberté d'expression et de communication entendue dans son acception la plus large.

M. B. — *Toubon n'est pas le seul à être intervenu sur la langue, il y a eu, depuis, une tentative de Jospin sur la féminisation. Elle a été très controversée, ridiculisée par moments.*

P. E. — Bien sûr et pourtant elle a complètement réussi. Réussite subite et d'autant plus surprenante pour moi que cette « féminisation des noms de métiers, titres, grades et fonctions » comporte des modifications de l'orthographe, ce que personne n'a semblé remarquer.

M. B. — *Quelle était l'idée de départ ?*

P. E. — L'idée qu'il n'est pas tolérable qu'en français les formes féminines soient souvent des lieux de dépréciation sociale. Il suffit de penser aux paires bien connues : un coureur/une coureuse ; un entraîneur/une entraîneuse ; un oncle/une tante ; un homme public/une femme publique ; un professionnel/une professionnelle, etc. Dans les titres et les noms de métiers, on employait surtout le féminin pour les niveaux subalternes. Comme le *couturier* emploie des *couturières*, Madame *le* Secrétaire d'État avait *une* secrétaire pour taper son courrier.

M. B. — *Subalternes, parce que les femmes n'avaient pas accès aux autres emplois.*

P. E. — Quand des femmes accédaient aux niveaux supérieurs leurs titres se mettaient au masculin. On disait « une directrice d'école » mais « Madame le directeur des musées de France », « une conseillère d'éducation » mais « Madame le Conseiller d'État », traitement tout à fait contraire à la grammaire française qui requiert l'accord du déterminant. « Madame le Ministre », c'est une faute grammaticale. Du XIIe au XVIIe siècle, d'ailleurs, on écrit « la ministre », Littré en donne de nombreux exemples. Mais « ministre » n'avait pas alors le même sens.

M. B. — *Qu'est-ce qu'une ministre en ancien français ?*

P. E. — Une servante. Le ou la ministre c'est l'opposé du maître : « ministre » est encore tout proche de son origine latine : « minis », alors que « maître » vient de « magis ». Même aujourd'hui, un ou une ministre pourrait être au service du peuple souverain...

M. B. — *Il y a eu une évolution sociale qui a fait que les femmes ont accédé à des travaux, à des métiers, à des postes qui n'existaient qu'au masculin parce qu'ils étaient réservés aux hommes.*

P. E. — Il me semble que Germaine Poinsot-Chapuis

fut en 1947 la première femme nommée ministre de la République ; le titre n'a pas suivi : elle était *un* ministre. Mais en 1984 une femme a été nommée ministre des Droits de la femme, qui a réuni une commission pour mettre en place la féminisation des titres officiels.

M. B. — *Yvette Roudy.*

P. E. — Yvette Roudy en effet, dont les efforts ont abouti à une circulaire signée par Laurent Fabius en mars 1986, juste avant les élections législatives, circulaire qui imposait la féminisation de tous les titres, grades et fonctions dans le cadre de l'État, restituant ainsi au genre féminin sa dignité. Mais Fabius ayant cédé la place, sa circulaire n'a pas été appliquée dans l'État ; dans la société civile non plus personne ne s'est emparé de la possibilité enfin ouverte, et aucun journal n'a féminisé les titres officiels, ni les autres.

M. B. — *Un enterrement de première classe.*

P. E. — Oui et non. Car la féminisation de la langue française a quand même eu lieu, hors de France. À la suite de la circulaire Fabius, le Québec, la Suisse romande et la Belgique ont tour à tour pris officiellement le chemin de la féminisation, qui y était déjà avancée dans l'usage privé. Et l'idée a mûri. De sorte que lorsque, en 1997, les ministres femmes du nouveau gouvernement français ont, à peine nommées, demandé à être appelées « Madame la Ministre », le président de la République a immédiatement accédé à cette requête en conseil des ministres. Avec cet emploi officiel du déterminant féminin devant un titre officiel, le mouvement était lancé. Il s'est très rapidement étendu et aujourd'hui la féminisation est devenue, en France aussi, un phénomène irréversible.

M. B. — *L'intervention politique a été décisive.*

P. E. — Dans un premier temps, oui, tant la langue en France est liée à l'État dans la conception que s'en font les citoyens, qui ont du mal à penser que leur langue leur appartient et qu'ils peuvent agir collectivement sur elle sans que le pouvoir s'en mêle, ce qu'ils font pourtant en permanence, en empruntant des mots d'origine étrangère, par exemple, ou en bousculant l'orthographe normative, sans demander l'autorisation de personne.

M. B. — *Mais toucher à la forme écrite, c'est entrer dans le domaine réservé de l'école, donc du pouvoir.*

P. E. — Sans doute. Toujours est-il que malgré une petite polémique d'origine académique, Lionel Jospin, par une circulaire de mars 1998 — soit douze ans après la circulaire Fabius —, a officiellement invité les administrations françaises à recourir aux appellations féminines, comme l'avaient fait, quelques années plus tôt, les Québécois, les Suisses et les Belges. Cette circulaire-là a été appliquée partout dans l'État français — sauf au Conseil d'État à ma connaissance, seule institution où les conseillères sont encore des conseillers. Les journaux ont immédiatement repris ce nouvel usage. Puis, au-delà des titres et grades officiels, la féminisation a peu à peu gagné l'ensemble des noms de métiers et de fonctions dans la presse comme dans la vie quotidienne, dans les usages écrits et oraux. Ce qui n'était pas joué d'avance.

M. B. — *Il a fallu inventer des formes.*

P. E. — Après la question, essentielle, du déterminant féminin (soit l'abandon de toute dénomination du type « Madame le »), il fallait en effet proposer des formes féminines pour les substantifs eux-mêmes. Mais nous n'avions guère à inventer : le français, je viens de le dire, était déjà féminisé, hors de France. Les formes québécoises, suisses et belges étaient disponibles. Le Premier ministre a demandé aux spécialistes du CNRS de préparer un guide d'aide à la féminisation qui a suivi, dans leur ligne générale, les propositions des autres francophones.

M. B. — *Et désormais on écrit la professeure.*

P. E. — Et la proviseure, la procureure, l'agente de change, la substitute, la lieutenante, etc.

M. B. — *Mais on dit la directrice, le directeur. Pourquoi dit-on la professeure et pas la professeuse, sur le modèle coiffeur, coiffeuse ?*

P. E. — En vertu d'une règle un peu compliquée. En principe le féminin des noms terminés par « -eur » est en « -euse » lorsque le nom correspond à un verbe en rapport sémantique direct. Pour les noms terminés en « -teur », c'est un peu plus délicat : dans certains cas on aura « -trice », dans d'autres, on aura « -teur » ou « -teure ». Je préférerais qu'on puisse toujours choisir la forme en « -eure ». Ce serait une règle très simple à appliquer et à enseigner : *les coiffeuses, les directrices et les sénatrices* coexisteraient avec les *coiffeures, les directeures et les sénateures*. D'ailleurs, c'est déjà le cas pour certains noms : les femmes pratiquant la sculpture ont généralement préféré *sculpteure* ou *sculpteur* à *sculptrice*.

M. B. — *Les femmes qui écrivent que je connais aiment bien qu'on les nomme écrivaines.*

P. E. — Les écrivaines ont, en général, accepté cette forme. Mais, à nouveau, rien ne doit être imposé. L'État a décidé de féminiser ses propres termes officiels, « pour donner l'exemple » écrivait le Premier ministre, mais les usagers de la langue choisissent en toute liberté la variante qui leur convient. Rien n'interdit à *une* pasteur*e* de se désigner comme *le* pasteur ou *la* pasteur.

M. B. — *Une auteure.*

P. E. — La forme auteure est aujourd'hui passée dans l'usage. Dans le cas très fréquent des mots en « -eur », deux possibilités étaient utilisées en dehors de France : la possibilité retenue au Québec et en Suisse romande, consistant à rajouter un suffixe « e » au féminin des noms masculins, règle très simple à appliquer et à enseigner ; et la possibilité retenue en Belgique consistant à employer la forme masculine également pour le féminin : une professeur. Sagement, les linguistes de France ont proposé ces deux possibilités déjà utilisées en français au choix des usagers. Mais la presse écrite a généralement suivi les formes françaises privilégiées au Québec et en Suisse où la présence du suffixe « e » donne à voir le féminin, formes qui se sont répandues très rapidement en France aussi dans l'usage le plus général, tandis que la Belgique continue à préférer les formes épicènes.

M. B. — *C'est-à-dire ?*

P. E. — Épicène vient d'un mot grec qui signifie « commun ». Les mots épicènes ce sont des mots qui ont la même forme au masculin et au féminin : un/une ministre, dentiste, capitaine, majordome, pilote, professeur...

M. B. — *Un enfant, une enfant.*

P. E. — Ils ont donc une forme commune pour les deux genres. Mais Yvette Roudy souhaitait « donner une visibilité linguistique aux femmes ». À cette fin, il vaut mieux poser une forme féminine. La forme féminine la plus simple, dans tous les cas où c'est possible, s'obtient en suffixant un « e » : la députée, l'avocate, la professeure, etc.

M. B. — *Et voilà donc pourquoi les Français suivent les Suisses plutôt que les Belges.*

P. E. — Il faut s'arrêter un peu sur ce point de notre féminisation de 1998 : nous avons aligné le français de France sur le français des autres grands pays francophones. Il est heureux que, de temps en temps, les Français découvrent que le français n'est pas leur propriété ; que, par bonheur, il est parlé aussi en dehors de nos frontières, quelquefois depuis bien plus longtemps que dans certaines parties de notre territoire.

M. B. — *L'Alsace, la Corse, la Bretagne, la Savoie...*

P. E. — La langue française ne se défendra qu'avec l'ensemble des francophones. Il est décisif que sur la question de la féminité nous ayons rejoint nos voisins immédiats, suisses et belges, ainsi que les Québécois. Mais je ne suis pas très sûr que les Français en aient une pleine conscience.

M. B. — *Nos autorités ne s'en sont pas vantées ! Jospin s'est bien gardé de dire : nous allons féminiser le français comme les Belges et les Suisses.*

P. E. — D'où mon insistance. Ce qui est intéressant maintenant c'est que les usagers ordinaires — et pas seulement les écrivains — vont plus loin que les propositions des experts. Par exemple, dans un numéro récent du *Monde,* dans un article sur la place des femmes dans l'armée, on pouvait lire : « Des militai*reus* de tous grades et des trois armes se demanderont, avec leur ministre, pourquoi il n'y a pas de générale autour de la table. » La journaliste, Béatrice Gurrey, écrit des militai*reus,* avec *-reus* en italiques pour faire comprendre qu'il s'agit seulement de femmes, pour rendre visible dans la graphie cette dimension féminine que la forme épicène normale, *militaires,* masque. Il y a une vingtaine d'années, en juillet 1985, au plein moment de la première discussion sur la féminisation, j'avais relevé dans *Libération* la forme *le vélo(e)* avec un suffixe féminin « e » entre parenthèses parce qu'il s'agissait du Tour de France féminin : *Le vélo(e) reste le vélo.*

M. B. — *Ça ne correspond à aucune forme connue ?*

P. E. — Je suppose que c'est une extension de l'usage, d'origine québécoise, semble-t-il, et de plus en plus répandu, consistant à écrire des formules du type : *Chacun(e) est invité(e) à...* Mais *vélo(e)* est un hapax, une forme attestée par un seul exemple.

M. B. — *Parce qu'elle n'est pas très compréhensible. Mais militai*reus *ne l'est pas plus.*

P. E. — Sans doute, mais cette forme signale que l'épicène a l'inconvénient, nous ne cessons d'y revenir, de rendre indistinct le genre. À l'oral, on rend sensible le genre en faisant entendre le « e » final normalement muet, comme s'il s'agissait du suffixe du féminin. La forme écrite choisie, militai*reus,* consiste à donner une forme graphique correspondant à cette oralisation du « e » final.

M. B. — *La journaliste du* Monde *aurait pu inventer* militairesses...

P. E. — Ça te paraît vraiment meilleur ? Autre exemple récent d'invention hardie liée à la féminisation, dans le Carnet du *Monde,* sur lequel, autrefois, les correcteurs jetaient un regard aussi sévère que sur la partie rédactionnelle : « *Catherine et Élisabeth sont ravies et fières d'être les témouines de Virginie et Max.* » Dans le guide d'aide à la féminisation, les linguistes considèrent que le féminin de *témoin* c'est *témoin,* c'est-à-dire que *témoin* est un mot épicène. Mais, là, il s'agit manifestement de francophones qui rejettent l'épicène pour inscrire leur féminité dans le nom qui les désigne : elles inventent donc la forme *témouine* comme féminin de *témoin* sur le modèle *sagoin /sagouine* (on écrit généralement *sagouin,* comme dans le titre de Mauriac, bien sûr, mais la forme *sagoin* est bien attestée, chez Queneau, par exemple). Ces deux évolutions individuelles, entre mille, prouvent qu'on peut parfaitement prendre des libertés avec la langue pour la faire vivre. Loin de rendre impossible la communication — comme la peur panique en avait saisi un certain nombre de nos écrivains au moment de la mini-réforme de l'orthographe en 1990, qui arguaient qu'on ne se comprendrait plus si on enlevait trois circonflexes que, de toute façon, presque personne ne note en écriture manuscrite —, ces libertés l'élargissent, faisant passer dans nos mots plus qu'ils ne sont faits pour dire.

M. B. — *Témouine me convainc plus que militai*reus. *Dans mes articles, j'aurais cru à une coquille, à un mastic. Ça ne marchera pas.*

P. E. — Quoi qu'il en soit la féminisation a introduit une réforme de l'orthographe touchant la forme lexicale et l'accord du féminin qui, à l'évidence, poursuit ses effets. Que cette réforme, beaucoup plus marquante et visible que celle de 1990, ait pu s'instaurer sans drame reste une heureuse surprise. Écrire *la professeure, la députée,* décider qu'un nombre considérable de noms masculins peuvent prendre le suffixe « e » pour passer au féminin, c'est modifier l'orthographe, et cette réforme majeure qui a envahi l'ensemble des écrits français n'a encouru que quelques brèves récriminations individuelles, alors qu'offrir la liberté d'écrire nénufar avec un *f* avait déclenché une émeute journalistique. Mais je serais curieux de savoir si tous les professeurs laissent leurs élèves exercer cette liberté orthographique nouvelle.

M. B. — *Nous nous trouvons dans ce merveilleux jardin où on voit, du même point, en tournant sur soi,* Le Penseur *et la* Porte de l'Enfer, *un fameux programme. Mais où est* Le Baiser *?*

P. E. — On ne peut pas le voir d'ici, il est au fond de la partie parc, offert aux jeux et au regard des enfants — ce qui aurait horrifié Claudel, qui haïssait ce *Baiser* où, disait-il, « *l'homme s'est attablé à la femme* ».

M. B. — *Bien, bien, nous en détournerons notre regard. Pourtant, le jardin de Matignon aussi accueillait un* Baiser *jusqu'à ce qu'il rejoigne en 1999 les Tuileries, où, en dépit de Claudel, des millions de couples de touristes se sont déjà bousculés pour se faire photographier à ses côtés. Matignon, qui me ramène à la question des interventions du pouvoir sur la langue, et notamment à une loi qui semble faire problème aux plus célèbres de nos historiens, sans compter pas mal de juristes, la loi Gayssot. Peux-tu préciser ce qu'elle implique ?*

P. E. — Comme son nom — celui d'un député — l'indique, cette loi n'est pas partie de Matignon mais du Parlement. L'article XI de la Déclaration des droits prescrit, on l'a vu, que « *tout citoyen peut parler, écrire, imprimer librement sauf à répondre de l'abus de cette liberté dans les cas déterminés par la loi* ». Eh bien, la loi Gayssot n'a pas hésité à empiéter, en 1990, sur la liberté d'expression, droit précieux entre tous, en établissant un de ces « *cas d'abus déterminés par la loi* ».

M. B. — *C'est une loi qui réprime les « actes racistes, antisémites ou xénophobes », n'est-ce pas ?*

P. E. — Oui. Elle comprend un article qui modifie la célèbre loi du 29 juillet 1881 sur la liberté de la presse, en établissant des peines pour « *ceux qui auront contesté l'existence d'un ou plusieurs crimes contre l'humanité* ». Cela nous a valu beaucoup de critiques venant des pays où la liberté d'expression est complète, comme les États-Unis.

M. B. — *Dans la loi Gayssot ce n'est pas les mots qui sont en cause, c'est le contenu. Un écrivain peut faire converser deux négationnistes dans un roman. En revanche, s'il reprend, lui, leurs opinions à son compte...*

P. E. — ... il tombera sous le coup de cette loi qui, en effet, n'énonce pas une limitation linguistique, comme la loi Toubon avant censure constitutionnelle, mais une limitation référentielle précise qui interdit une affirmation particulière. C'est ce qui, dans l'article XI de la déclaration des Droits, concerne le contenu propositionnel de l'expression qui est visé.

M. B. — *La loi Gayssot est-elle normale en démocratie ?*

P. E. — Tu l'as rappelé, cette loi a été violemment mise en cause par de grands historiens, Nora, Vernant, Veyne, Vidal-Naquet et bien d'autres qui ont réclamé son abrogation il y a quelques mois dans la pétition « *Liberté pour l'histoire* », où ils soutiennent, à juste titre, que « *l'histoire n'accepte aucun dogme, ne respecte aucun interdit, ne connaît pas de tabous* ».

M. B. — *Et toi, tu penses aussi qu'il faut l'abroger ?*

P. E. — La loi Gayssot n'est pas une législation sur la langue française. En tant que linguiste je n'ai rien de particulier à en dire.

M. B. — *En tant que citoyen ?*

P. E. — Je suis opposé à toute atteinte aux droits de l'homme, et, en 1990, j'estimais qu'on devait pouvoir se passer d'une telle limitation de la liberté de communication des opinions puisqu'il existait déjà une loi contre le racisme et la xénophobie. Mais puisque cette loi a été promulguée, je crains que l'abroger ne prenne inévitablement une tout autre signification que celle du rétablissement de la liberté d'expression, ce qui serait inacceptable.

M. B. — *Au-delà de Gayssot, on bute sans cesse sur la* political correctness, *en français comme en anglais. Pourquoi dit-on Noir plutôt que nègre et Black plutôt que Noir ? Comment Black est-il devenu moins dépréciatif que Noir ? Ils en sont à l'« african american ». Quand en serons-nous au « français africain » ?*

P. E. — On navigue difficilement entre dépréciation, euphémisation et, parfois, revendication dé-stigmatisatrice, comme celle de Senghor et Césaire pour le mot *nègre*. Les langues sont engluées dans des histoires sociales et politiques. Les questions de vocabulaire ne sont pas secondaires. Comme on l'a vu à propos des formes féminines, tous les mots peuvent être utilisés comme dépréciatifs. Les langues n'y sont pour rien, qui comportent toujours la possibilité de nier les pires affirmations.

M. B. — *Je peux dire « Ce crime n'est pas un détail », mais l'affirmation m'est interdite.*

P. E. — Parce qu'un mot entraîne avec lui l'histoire de ses utilisations. Hélas, dirait Proust, il n'y a pas d'innocence, même lexicale.

V

Au jardin du Luxembourg

MICHEL BRAUDEAU — *Nous sommes dans le jardin du Luxembourg près de la fontaine Médicis et c'est peut-être le moment de dire un mot de la francophonie dont on a tant parlé pendant l'année 2006 à cause du Salon du livre et d'un certain nombre de papiers publiés aussi bien par Amin Maalouf que par Boubakar Boris Diop. Comment considères-tu leurs deux points de vue, tout à fait différents ?*

PIERRE ENCREVÉ — Amin Maalouf, dans un article du *Monde* intitulé « Contre la "littérature francophone" », oppose à la notion de littérature francophone celle de littérature de langue française. L'occasion lui en est donnée par le récent 26e Salon du livre dont l'invité d'honneur était le festival *Francofffonies*, consacré à la littérature francophone excepté celle qui est produite en France. Il se dit surpris qu'on relègue dans la « littérature francophone » les écrivains de langue française qui ne sont pas français, spécialement ceux du Sud, et considère qu'il n'y a aucune raison de séparer ceux qui écrivent en français selon leur nationalité, leur origine ou le fait que le français soit ou non leur première langue. Certains, en effet, comprennent dans la « littérature francophone » les écrivains suisses, belges et québécois, qui formeraient ensemble la francophonie du Nord, où les gens seraient francophones de langue maternelle à la différence de ceux du Sud. Maalouf estime, pour en finir avec les discriminations qu'il déplore, que la seule expression acceptable est celle de littérature de langue française qui couvre l'ensemble des littératures en français produites par l'ensemble des écrivains francophones du monde, dont la France. C'est un point de vue que l'on rencontre aussi dans les universités américaines comprenant des départements d'études des littératures francophones qui, bien entendu, prennent en compte la littérature française produite en France.

M. B. — *Et Diop ?*

P. E. — Face à la position universaliste de Maalouf, on a pu lire, dans *Le Monde* également, celle, toute différente, de Boubakar Boris Diop, écrivain sénégalais qui distingue, lui, les deux francophonies, celle du Nord et celle du Sud, pour affirmer qu'il comprend très bien que la « défense de la langue française » concerne les francophones du Nord, parce que c'est leur langue maternelle, mais que ce n'est pas le cas des francophones du Sud, dont il est : la bataille entre le français et l'anglais n'est pas leur affaire. Parlant le wolof, il considère qu'il est francographe plutôt que francophone, que la langue française lui est imposée comme langue écrite par l'histoire et qu'il n'a avec elle qu' « un lien historique de circonstance ». Ce sont deux positions aussi provocantes qu'opposées, la seconde donnant à voir le chemin parcouru au Sénégal depuis l'époque de Senghor, qui parachevait son destin d'écrivain francophone promoteur, avec Césaire, de la négritude en entrant à l'Académie française.

M. B. — *Ce qui n'a pas empêché nos autorités nationales d'être absentes à son enterrement...*

P. E. — En effet... En tout cas, quoique ce soit sans acrimonie, Boubakar Boris Diop, et il est loin d'être le seul, prend en compte tout à fait autre chose que la seule langue française : l'histoire, en l'occurrence celle de la domination coloniale. Il souligne que la plupart des écrivains africains n'écrivent pas en langues africaines mais en langues européennes, que le Nigérien Wole Soyinka écrit en anglais, d'autres en portugais ou en espagnol, et qu'il y a cependant une communauté de ces écrivains africains conduits à s'exprimer par écrit dans des langues européennes qui ne sont pas leurs langues maternelles mais des langues de la colonisation. L'appartenance à cette communauté-là est, pour lui, plus déterminante que sa participation à une communauté d'utilisation de la langue française : il se sent plus proche de l'univers littéraire de Wole Soyinka que de celui d'écrivains de langue française comme, dit-il, Marie N'Diaye ou Le Clézio. La notion d'« européographie », qu'il pose implicitement, mérite discussion, d'autant qu'il considère le français, dans son propre usage, comme une « langue morte ».

M. B. — *Un latin moderne ?*

P. E. — C'est sans doute ce à quoi il pense. Jusqu'au XVIe siècle, malgré les progrès des langues vulgaires, la majorité des intellectuels européens écrivaient en latin, cette langue dite morte qui en a bien profité — et jouit aujourd'hui encore d'une vitalité bien supérieure à celle de la plupart des cinq ou six mille langues dites vivantes. Et ce latin, qui n'est plus langue maternelle de personne, est pourtant la langue officielle de l'Église catholique romaine, ce qui continue à lui assurer un statut exceptionnel dans le monde chrétien. Mais aucun catholique, pas même l'évêque de Rome qui songe apparemment à l'autoriser à nouveau dans la messe, n'est tenu de la préférer à sa langue maternelle.

M. B. — *Pour le français, francographie et francophonie se valent ?*

P. E. — Il va de soi que quand les écrivains, de quelque pays qu'ils soient, écrivent en langue française, ils « l'illustrent » et, ce faisant, ils la « défendent » même si ce n'est pas leur combat. En ce sens, la francographie, qu'on soit francophile ou francophobe, qu'on écrive en français par choix ou par nécessité, par contrainte ou par liberté, produit un ensemble d'œuvres qui font vivre la langue française, la renforcent et la perpétuent.

M. B. — *C'est-à-dire que, de fait, Diop participe aussi bien que Maalouf, Senghor ou Césaire à la « promotion » du français.*

P. E. — Oui, mais on aurait tort de ne pas réfléchir à ce qu'il met en avant et qui dépasse tout à fait la question du français : dans la mesure même où les langues européennes se sont imposées historiquement, de divers moyens, dont la violence coloniale, comme langues internationales, elles ne peuvent pas attendre de tous leurs utilisateurs un attachement de type national. Plus : l'existence objective des francophonie, hispanophonie et anglophonie multicontinentales oblige chacun à opérer la séparation entre langue et nation.

M. B. — *Mais l'école nous fait croire tout le contraire...*

P. E. — En dépit des évidences, car cette séparation va de soi pour le français : elle est inscrite sur la carte même de l'Europe, puisque la Wallonie, la Suisse romande et le Luxembourg, dont le français est une langue officielle, n'appartiennent pas à la nation française. Mais comme la nation française est historiquement indissociable de la langue française, nombre de nos concitoyens ne sont pas conscients que la réciproque n'est pas vraie. La langue française est dissociable — et d'ailleurs dissociée — de la nation française, comme langue maternelle en Europe comme au Canada, et comme langue d'écriture aux quatre coins du monde. Mais généralement les Français ont la plus grande difficulté à penser le français indépendamment de la France, n'imaginent même pas que l'un pourrait continuer sans l'autre, et sursautent devant un écrivain de langue française ne développant aucune relation préférentielle avec cette langue — comme s'il atteignait par là le principe même de la France.

M. B. — *Donc, il faut récuser toute vision sentimentale de la francophonie ?*

P. E. — Vouloir enrôler malgré eux tous les utilisateurs du français ou pareillement de l'anglais, dans un combat qui serait fondé sur un présumé amour de la langue française ou anglaise, est grotesque : on peut imposer *de jure* ou *de facto* l'utilisation d'une langue, mais pas plus. Comme utilisateur de l'anglais dans une part de mon activité scientifique, je contribue à renforcer sa position de langue scientifique internationale mais c'est sans me sentir aucun devoir de solidarité à son égard. Reste que, même pour un Africain, le français n'est pas seulement la langue du colonisateur, mais aussi celle du *Discours sur l'origine et les fondements de l'inégalité parmi les hommes* de Jean-Jacques Rousseau, qui n'était pas français mais citoyen de Genève, de la Déclaration des droits de 1789 et encore de l'appel du 18 juin. La francophonie, dans toute son extension, recouvre des rapports à la langue très divers, ouvrant tout l'éventail de l'amour à la haine et qui sont aussi, malgré les grincements de dents que peut susciter une position radicale à la Diop, une des chances principales du français. Même chose pour l'anglophonie ou l'hispanophonie.

M. B. — *On ne peut jamais dire à qui que ce soit : « L'anglais, le français ou l'espagnol, aimez-les ou quittez-les » ?*

P. E. — On devrait même dire l'inverse : avec ou sans amour, ne quittez pas nos langues... L'Académie française vient de couronner de son grand prix — à juste titre, car c'est à tous égards un livre hors norme qui illustre la langue française — *Les Bienveillantes*, dont le narrateur démontre, sur neuf cents pages, que la haute culture française n'a aucunement fait barrage en lui à la pire barbarie. J'ignore si l'auteur du livre, Américain vivant en Espagne, est francophile mais c'est sans contestation un fameux francographe. Comme l'autre académie, Goncourt, à son tour, l'a confirmé.

M. B. — *Mais la dimension nationale ?*

P. E. — La dimension nationale est constitutivement seconde pour un locuteur ; on acquiert sa langue maternelle sans qu'elle intervienne. S'agissant de Jonathan Littell, il s'est vu refuser deux fois la nationalité française, ce qui ne l'a pas découragé d'écrire son grand œuvre en français. Il faut s'arracher à l'enfermement dans l'idéologie linguistique nationale pour prendre conscience de ce fait premier que toutes les langues sont des biens cognitifs virtuellement universels. Bien qu'ils soient toujours socialisés, ces produits culturels universels de l'esprit humain sont mentalement portatifs, et déplaçables à volonté : on les emporte avec soi quand on quitte sa patrie. Le dernier prix Nobel français de littérature fut attribué à un de nos compatriotes écrivant ses livres en chinois, sa langue maternelle. Mais à l'automne, après les doubles lauriers des *Bienveillantes*, le prix Renaudot est revenu à Alain Mabanckou, écrivain congolais vivant aux États-Unis, et le Fémina à Nancy Huston qui vit en France mais vient du Canada anglophone. Les quatre principaux prix littéraires français 2006, donc, pour trois auteurs illustrant la vitalité et la diversité de la francophonie non maternelle, et son apport majeur aujourd'hui à la littérature en français.

M. B. — *Les langues n'auraient pas de territoires ?*

P. E. — Elles ont toujours, historiquement, des implantations principales, souvent multiples, que ce soit successivement ou simultanément, territoires à dimension politique d'où s'organise leur transmission, leur standardisation et leur diffusion collectives. Mais leur territoire premier, anthropologiquement parlant, c'est le cerveau de leurs locuteurs, ainsi que, d'une autre manière, les objectivations extériorisées que ces cerveaux ont produites de leurs langues et qui sont archivées — monuments et livres pour l'écrit, enregistrements de divers types pour l'oral. N'appartenant privativement à aucun peuple, les langues sont toutes accessibles à n'importe quel enfant en bas âge, quelle que soit son origine, pourvu qu'il soit mis en contact avec elles, serait-ce à mille lieues de leur implantation majoritaire. Ces biens culturels linguistiques à vocation universelle n'appellent aucun sentiment obligatoire de la part de leurs utilisateurs, qui leur en portent de très contradictoires.

M. B. — *Mais toi-même, linguiste, n'aimes-tu pas tes langues ? Je crois bien que Jean-Claude Milner liait la linguistique à l'amour de la langue.*

P. E. — De *la langue*, oui, mais non de telle ou telle. Parmi les diverses langues étrangères que j'ai apprises, mortes et vivantes, j'en ai oublié quelques-unes et retenu quelques autres, dans un choix dû davantage aux hasards professionnels qu'à je ne sais quelle affinité élective. La langue transmise dans la petite enfance est souvent indissociable des sentiments portés à ceux qui nous l'ont transmise. Et pourtant, l'oubli de la langue maternelle est une réalité plus fréquente qu'on ne l'imagine.

M. B. — *À propos de francographie et de francophonie, quelle différence doit-on poser, en ce domaine, entre le parlé et l'écrit ?*

P. E. — Boubakar Boris Diop souligne le fait que, pour des raisons de toutes sortes mais primordialement des raisons de marché, l'écriture s'impose à lui dans la langue internationale venue au Sénégal par la colonisation, et non dans sa langue maternelle. Mais il espère que ce n'est qu'une situation transitoire : il vient d'écrire un livre en wolof dont il pense qu'à long terme il rencontrera plus de lecteurs que ses livres en français. Quant à la phonie ordinaire, quotidienne, en Afrique on emploie majoritairement les langues maternelles africaines, mais aussi le français, sous des formes plus ou moins « régionalisées ».

M. B. — *C'est là la vraie franco-phonie.*

P. E. — C'en est une dimension essentielle. C'est une facilité malheureuse que de viser par le terme francophonie ladite « littérature francophone ». La littérature francophone n'est qu'une toute petite partie de la francophonie : la quasi-totalité des francophones, qu'ils soient français ou d'une autre nationalité, ne publie pas de livres, naturellement. La francophonie c'est d'abord le fait de parler ou écrire en français, y compris par SMS, et non d'écrire de la littérature. L'expression en langue française dans son immense majorité n'est évidemment pas une expression littéraire.

M. B. — *Mais quelle allure prend-elle, cette phonie française en Afrique ?*

P. E. — Le français est en train d'y vivre une aventure qui n'était pas jouée à l'avance. Au moment des indépendances, dix-huit pays africains ont choisi le français comme langue officielle, si bien que le français, dans tous ces pays, ne peut pas être une langue étrangère : tous leurs habitants ont des rapports avec le français. Il est toujours là : dans les actes administratifs, dans les médias, très souvent dans l'enseignement. C'est une langue qui est extrêmement présente dans ces pays où, pourtant, la majorité des habitants ne la parle pas et ne l'écrit pas davantage.

M. B. — *Combien sont vraiment francophones ?*

P. E. — On considère que, dans ces dix-huit pays, il y a à peu près dix pour cent de francophones réels et quinze pour cent de francophones occasionnels ; le reste, c'est-à-dire les trois quarts des citoyens, ce sont des locuteurs des seules langues africaines mais qui entretiennent pourtant un rapport d'audition passive au français. Cependant, dans les villes la plupart des gens ont un rapport plus ou moins actif au français.

M. B. — *J'imagine qu'ils n'ont pas tous le même ?*

P. E. — On y entend deux types principaux de languc française : le français normatif, diffusé par l'enseignement et les médias, dont les usagers visent la forme standard ; et le français diffusé dans les lieux publics et qui s'y élabore, le « français de la rue », et ce français-là est caractérisé par la vernacularisation. C'est-à-dire qu'on n'a pas le même français urbain à Abidjan, à Dakar, à Yaoundé et dans l'ensemble des grandes villes africaines francophones, où se développent des français vernaculaires locaux, qui ont une place extrêmement forte dans ces pays. À leur façon d'ailleurs, ils bloquent l'entrée de l'anglais. Mais ils ont une autonomie : ces français vernaculaires ne sont pas immédiatement compréhensibles par les francophones de France, de Suisse ou de Wallonie.

M. B. — *Tu as des exemples en tête ?*

P. E. — Le cas le plus connu des linguistes non spécialisés dans ce domaine, dont je suis, c'est le français populaire ivoirien, celui d'Abidjan, produit et échangé par des locuteurs non scolarisés. Ce n'est pas un créole mais plutôt un pré-créole : un français qui paraît être en voie de créolisation, mais cette évolution n'est pas inévitable, l'enseignement et l'écrit à l'écran bornant là aussi le changement. Dans bien des pays africains on constate ces deux modes d'existence du français : le mode officiel qui est assez proche du français standard, et le mode vernaculaire, français quotidien des échanges urbains ordinaires qui concerne une partie croissante de la population totale de ces pays.

M. B. — *Est-ce le successeur de ce qu'on appelait « petit-nègre » : « Y a bon Banania » ?*

P. E. — Cette expression désignait en fait tout autre chose : ce « petit-nègre » était la représentation coloniale du français parlé par les Africains illettrés s'adressant à des Français, qui a disparu peu à peu d'Afrique avec la fin de la domination française. Mais les divers français vernacularisés parlés en Afrique aujourd'hui ont des locuteurs africains qui s'adressent en français à d'autres Africains n'ayant pas nécessairement la même langue maternelle, spécialement dans les grandes villes des pays où il n'y a pas de langue africaine majoritaire, et où le français est la langue de communication. Lorsqu'il y a une ou plusieurs langues majoritaires, comme au Sénégal où le wolof est la langue dominante, les échanges urbains ordinaires ont normalement lieu dans cette langue, et le français s'y vernacularise nettement moins. Il y a aussi des cas particuliers, comme celui du Cameroun dont le français et l'anglais sont les langues officielles et où s'est développé le camfranglais, langue branchée des lycéens et des étudiants qui, censés être bilingues, utilisent entre eux un mixte remarquable de ces deux langues sous des formes vernacularisées, mixte qui circule aussi, encore plus nettement mêlé de pidgin que d'anglais, dans le parler urbain populaire.

M. B. — *Par exemple ?*

P. E. — Des mélanges du type : « Je suis comot du wok » pour « je suis sorti (come out) du travail (work) » ou « J'ai laps fatigué » pour « J'ai beaucoup ri (laugh) », tout cela voyageant très bien par le texto téléphonique ou le web. Mais aussi dans la littérature francophone, comme dans *Temps de chien* de Patrice Nganang.

M. B. — *Un livre assez mordant.*

P. E. — Il vaudrait la peine de s'attarder sur la situation linguistique de chaque pays officiellement francophone, car la francophonie propose désormais une très grande diversité de langues françaises en constante évolution. Le cas de Madagascar, entre autres, avec le frangache ou le frangasy et le « variaminana » où se métissent les deux langues. L'ethnocentrisme hexagonal préfère considérer la francophonie sous l'angle de la littérature francophone, quand ce n'est pas sous celui d'une organisation politique visant à unir les pays censés avoir « le français en partage » — comme s'il n'y avait qu'une seule forme de français partagée par tous les habitants de ces pays, idéalisation très éloignée de la situation réelle du français en Afrique. Venu par les chemins de la colonisation, le français, après la décolonisation, a pris lui aussi son indépendance ou du moins une grande autonomie et, dans la rue, il vit sa vie. Un peu comme, il y a deux dizaines de siècles, le latin dans la Romania s'est mis à évoluer régionalement en toute liberté et à se diversifier en...

M. B. — ... *roumain, espagnol, italien, français, etc.*

P. E. — Exactement. Le latin s'est vernacularisé dans les différentes colonies de l'Empire romain. Bien des linguistes estiment qu'on peut considérer le français et les autres langues romanes comme des créoles à base lexicale latine. Le français en Afrique semble s'engager sur ce chemin, à la différence, essentielle, que la présence de l'écrit est aujourd'hui plus forte que jamais avec l'internet, et que, d'autre part, les autres médias et l'enseignement limitent ou encadrent, c'est selon, les « dérives » de type créolisation.

M. B. — *L'anglais a le même problème.*

P. E. — Et à un point plus avancé. Le British Council s'inquiète, des statistiques laissant penser qu'au milieu du siècle l'anglais cesserait d'être la langue de la mondialisation et pourrait se morceler en variétés concurrentes. Ces prévisions s'appuient sur le passé, où l'éloignement géographique a conduit les divers rejetons d'une même langue à des idiomes sans intercompréhension mutuelle. Mais l'extrême richesse de toutes les formes modernes de communication, qui va croître encore, laisse penser que le lien avec l'anglo-américain sera longtemps conservé, même si se développent des formes locales de plus en plus autonomes. L'arabe, où la religion a maintenu un lien linguistique fort malgré la dispersion géographique, est peut-être un modèle plus approprié que les langues romanes : à côté de l'arabe littéraire et des arabes dialectaux, s'est développé l'arabe moderne « standard » des grands médias, de plus en plus compris et utilisé par les jeunes malgré le maintien des dialectes localisés.

M. B. — *Cependant, à l'intérieur du français d'Europe,*

on a des variations locales très fortes. Si tu écoutes, par exemple, les radios locales belges ou suisses, tu es loin du français standard parisien. Tu as d'ailleurs parlé de ce type de particularismes dans un autre jardin.

P. E. — Oui, mais ces régionalismes, présents aussi en France, liés à l'existence d'anciennes communautés dialectales, sont des phénomènes très différents des français vernacularisés d'Afrique et ne relèvent pas du tout d'une pré-créolisation. D'ailleurs, les créoles classiques se sont développés dans des populations qui n'étaient pas conduites à rencontrer le français dans l'enseignement ni dans les médias : les esclaves antillais ou réunionnais entendaient seulement le français des maîtres. Aujourd'hui, même en Afrique, on est sur des voies très différentes, dont il est difficile de prévoir l'aboutissement compte tenu, entre autres, des données techniques nouvelles (radio, SMS, fax, web, etc.).

M. B. — *On pratique le* chat *en francophonie ?*

P. E. — Bien sûr. Dans mon laboratoire, une doctorante travaille sur les textos et les *chats* à Madagascar, où les usagers passent souvent, si la situation y prête, du malgache au français, avec une liberté et une faculté d'innovation confondantes. Le plus intéressant, pour moi, aujourd'hui, c'est l'appropriation différente des possibilités offertes par ces techniques selon la langue utilisée. Ces modes d'écritures nouveaux se combinent aussi, bien sûr, avec les vernacularisations. Tout cela fait que personne ne peut aujourd'hui prédire l'évolution des français urbains d'Afrique, mais on aurait tort, dans nos Salons du livre parisiens, d'imaginer que la francophonie consiste à continuer à répandre notre langue « à nous », inaltérée, dans le monde entier. Il s'agit d'autre chose. Des anciennes colonies françaises ayant conservé le français émergent des français divers, dont la « modernité » dans le domaine littéraire n'est pas celle d'une Christine Angot ou d'un Michel Houellebecq mais celle d'un Alain Mabanckou ou d'un Patrice Nganang, entre autres, dont les livres seront sans doute, dans un temps qui se rapproche, les textes littéraires de base de l'enseignement du français écrit au lycée en Afrique.

M. B. — *C'est à souhaiter. Pour revenir d'ailleurs sur l'écrit par rapport à l'oral, dans une de nos rencontres précédentes je crois me souvenir que tu disais, en substance, que l'écrit n'est que le vêtement de l'oral.*

P. E. — Si tu l'as entendu ainsi c'est que j'ai laissé passer une métaphore imprécise, qui peut être interprétée autrement que je ne l'ai voulu. J'ai dû faire allusion au fait que la changeante orthographe (et non pas l'écriture) était un vêtement pour les mots, qui en changent, en effet, comme nous de chemise, quoique à un rythme beaucoup plus lent. Mais il ne faut surtout pas comprendre par là que l'écrit serait un vêtement de l'oral : pas du tout ! La langue est une réalité cognitive qui a deux types principaux d'extériorisation : la forme orale et la forme écrite. La forme phonétique orale est tout autant un « vêtement » (changeant lui aussi sans cesse) pour la réalité mentale de la langue que la forme écrite : ce sont deux modes sous lesquels se manifeste cette réalité cognitive de la langue, et notamment le vocabulaire intériorisé, stocké neuronalement, on ne sait encore comment, en tant que mémoire lexicale.

M. B. — *Phonie et graphie sont les extériorisations de la « grammaire intériorisée », comme disait Chomsky dans ma jeunesse...*

P. E. — ... et la forme orale et la forme écrite ont à la fois une relative autonomie l'une par rapport à l'autre et une forte interdépendance. Elles évoluent continuellement, souvent pour rester reliées l'une à l'autre mais pas nécessairement. On pense généralement aux modifications orthographiques comme exemple d'alignement de l'écrit sur l'oral, ce qui est vrai dans beaucoup de langues mais guère caractéristique du français, même si on rencontre quelques cas comme l'alignement récent du second accent d'« évènement » sur sa prononciation. En revanche, en français, on observe des évolutions de l'oral lui-même en rapport avec l'écrit : exemple frappant, la prononciation croissante des consonnes finales graphiques, autrefois muettes, dans nombre de monosyllabes comme *but, coût, fait, six, dix,* etc. On constate aussi qu'on aligne de plus en plus les anciens [*a*] d'arrière (comme celui de *pâte*) sur les [a] d'avant (comme celui de *patte*) à l'oral ; il est clair que c'est « autorisé » par la forme écrite : parce qu'ils s'écrivent avec la même lettre (alors qu'en alphabet phonétique on emploie deux signes différents).

M. B. — *Mais on les distingue par l'accent circonflexe.*

P. E. — Depuis le XVIIIe siècle ; mais pour l'enfant, qui oublie souvent ce fameux circonflexe, il s'agit de « a » dans les deux cas. Phonologiquement, il y a aujourd'hui en français standard une neutralisation de l'opposition de ces deux sons, qui me paraît avoir été permise et même favorisée par la similitude graphique. On a la même chose avec la neutralisation très fréquente entre « jeune » et « jeûne » : là aussi la spécificité des sons est mal défendue graphiquement. C'est dire qu'il y a des liens complexes entre les formes graphique et phonétique de la langue : on ne peut soutenir ni le phonocentrisme (qui, lui, verrait la graphie comme un simple vêtement de l'oral) ni l'autonomie radicale de chacune de ces représentations. Autrefois la distinction essentielle entre l'oral et l'écrit était simple et relative à leur inscription l'un dans l'éphémère l'autre dans la durée : *verba volant, scripta manent.* Mais aujourd'hui *verba manent* également...

M. B. — *« Atmosphère... atmosphère... », voix inoubliable et conservée pour les siècles...*

P. E. — L'archivage de l'oral modifie profondément le rapport entre *verba* et *scripta.* Autre chose encore : le texto offre l'exemple d'une écriture jouant avec le son des lettres écrites et celui des chiffres. D'ailleurs, à côté des formes écrites et orales, il y a une troisième manifestation extérieure de la faculté de langage qu'on oublie souvent.

M. B. — *Tu penses au braille ?*

P. E. — Non, je n'y pensais pas mais tu as bien raison d'y faire allusion car c'est une notation qu'on ne peut ramener simplement à l'écriture ; mais le braille, qui a une réalité sociale exemplaire, est une objectivation sensible dérivée de la forme écrite de la langue commune. Je voulais plutôt parler de la langue des signes.

M. B. — *Tu veux dire le langage des sourds-muets ?*

P. E. — Oui, la langue des sourds. En France, on considère qu'il y a plusieurs centaines de milliers de sourds profonds, dont environ soixante mille s'expriment en langue des signes. Comme les entendants de leur entourage communiquent avec eux dans la même langue, on estime qu'il y a en France deux ou trois fois plus d'utilisateurs de la langue des signes française. Et il y en aurait bien davantage si cette langue était présente dans l'enseignement alors que pendant presque un siècle elle y a subi une violente répression.

M. B. — *Pourquoi ? J'avoue tout ignorer de cette histoire.*

P. E. — C'est une de ces folies éducatives, qui ne fut pas seulement française mais partiellement européenne et même américaine : à partir de 1880 on a voulu interdire l'usage de la langue des signes, allant, pendant une ou deux décennies, jusqu'à lier les mains des enfants qui parlaient en langue des signes dans les institutions publiques destinées à l'éducation des jeunes sourds, qui dépendaient alors du ministère de l'Intérieur. Cette situation inadmissible s'est plus ou moins maintenue en France, sous une forme atténuée avec le temps, jusqu'aux années soixante-dix. Ce n'est que depuis 1991 que la loi a mis un terme légal à cette oppression linguistique singulière en reconnaissant aux enfants sourds le droit d'utiliser la langue des signes dans l'enseignement public.

M. B. — *Voilà une histoire étrange et peu connue. Où peut-on en trouver la trace ?*

P. E. — Il y a toute une littérature spécialisée sur cette curieuse négation des droits linguistiques les plus élémentaires des sourds, à commencer par *Le langage des sourds* de Christian Cuxac, paru il y a plus de vingt ans, et les beaux *When the Mind Hears* de Harlan Lane

— que tu as croisé à Vincennes où il enseignait quand tu y étais étudiant —, et *Seeing Voices* d'Oliver Sacks, qui ont été traduits en français. C'est une histoire trop complexe pour être résumée en quelques phrases et je ne t'en dirai que des bribes. Mais, bien avant cette époque, la littérature française a eu la chance de compter le premier grand écrivain ayant repéré les langues des signes comme des langues à part entière, radicalement différentes des langues orales ou écrites mais tout aussi langues qu'elles, ce que la linguistique ne découvrira que près de quatre siècles après lui : Michel de Montaigne, en 1582.

M. B. — *Toujours lui.*

P. E. — J'ai apporté les *Essais* en ce jardin du palais du Luxembourg qui n'a que cinquante ans de moins qu'eux. Écoute ce cher Montagne (entre parenthèses, j'aimerais bien qu'à côté de la prononciation avec le son *è*, devenue usuelle par ignorance et que je respecte comme toutes les évolutions linguistiques, on ré-emploie, en variante libre, cette prononciation en *a*, qui était la sienne et qui fait entendre un signifiant qui devait compter pour lui) : « *Nos muets disputent, argumentent et content des histoires par signes. J'en ai vu de si souples et formés à cela, qu'à la vérité il ne leur manquait rien à la perfection de se savoir faire entendre.* » À la suite de cette remarque remarquable, il écrit une phrase stupéfiante, une des phrases vraiment étonnantes de la langue française, dont je ne connais pas d'équivalent réel dans toute la littérature, même chez Rabelais, et que j'hésite presque à te lire.

M. B. — *Si, si, et précisons au lecteur qu'elle se trouve*

dans le livre second, au chapitre 12 qui est la célèbre « Apologie de Raimond Sebond ».

P. E. — C'est une phrase qui n'est composée que d'une suite ininterrompue de quarante-sept verbes à la première personne du pluriel, introduits par deux seuls pronoms sujets « nous », en tête, et qui décrivent systématiquement l'ensemble des actes de langage, comme dit Searle, qu'on peut faire avec les mains : « *Quoy des mains ? nous requerons, nous promettons, appellons, congedions, menaçons, prions, supplions, nions, refusons, interrogeons, admirons, nombrons, confessons, repentons, craignons, vergoignons, doubtons, instruisons, commandons, incitons, encourageons, jurons, tesmoignons, accusons, condamnons, absolvons, injurions, mesprisons, deffions, despitons, flattons, applaudissons, benissons, humilions, moquons, reconcilions, recommandons, exaltons, festoyons, rejouissons, complaignons, attristons, desconfortons, desesperons, etonnons, ecrions, taisons ; et quoi non ? d'une variation et multiplication à l'envy de la langue.* » Puis Montagne, décidément en pleine forme, enchaîne avec une nouvelle rafale d'une vingtaine de verbes pour les actes de langage réalisés du chef : « *De la teste : nous convions, nous renvoyons, advoüons, desadvoüons, desmentons, bienveignons, honorons, venerons, desdaignons, demandons, esconduisons, égayons, lamentons, caressons, tansons, soubmettons, bravons, enhortons, menaçons, asseurons, enquerons.* »

M. B. — *Il est épatant.*

P. E. — Et il conclut, avec son incomparable faculté de synthèse : « *Quoy des sourcils ? quoy des épaules ? Il n'est mouvement qui ne parle et un langage intelligible sans discipline et un langage public : qui faict, voyant la varieté et usage distingué des autres, que cestuy cy doit plus tost estre jugé le propre de l'humaine nature. Je laisse à part ce que particulièrement la necessité en apprend soudain à ceux qui en ont besoing, et les alphabets des doigts et grammaires en gestes, et les sciences qui ne s'exercent et expriment que par iceux, et les nations que Pline dit n'avoir point d'autre langue.* »

M. B. — *C'est impressionnant. Il avait tout compris de lui-même.*

P. E. — C'est une grande chance de la langue et la littérature françaises d'avoir eu cet observateur génial pour repérer à la fois que les muets avaient une vraie langue, avec des « alphabets des doigts et grammaires en gestes », mais aussi que tout le monde se sert ordinairement de ce type de signes comme langage. Et juger donc que l'usage des mouvements des membres et du corps pour communiquer est « *le propre de l'humaine nature* ». On peut d'ailleurs faire l'hypothèse que les premiers humains dotés de langage, il y a peut-être mille siècles, qui vivaient en tout petits groupes isolés, développant probablement des langues différentes (même si elles pouvaient avoir eu une protohistoire commune), avaient recours aux signes gestuels pour communiquer entre eux lorsqu'ils se croisaient : les premiers interprètes ont dû être des « signeurs ».

M. B. — *Depuis quand les sourds parlent-ils en signes ? Depuis toujours ?*

P. E. — On peut le supposer. Dès qu'ont pu se créer de petites communautés de sourds. Aujourd'hui on constate qu'il existe des centaines de langues des signes différentes, qui se développent d'elles-mêmes chaque fois que des sourds vivent en contact. Les langues des signes stabilisées se transmettent à l'intérieur d'une communauté ou d'une communauté à une autre. C'est un sourd français, Laurent Clerc, élève de Sicard, le successeur de l'abbé de L'Épée, qui a diffusé aux États-Unis l'enseignement de la langue gestuelle, la sienne : la langue des signes française (LSF), au début du XIXe siècle. Elle y a évolué, est devenue l'American Sign Language, mais aujourd'hui encore il y a plus d'intercompréhension entre les signeurs français et américains qu'entre ces derniers et les britanniques, le British Sign Language ayant une tout autre origine. Les langues nationales communes n'ont rien à voir avec les langues des signes, et il ne faut pas confondre ce qu'on appelle le « français signé », qui est une « traduction » en gestes du français oral ou écrit, totalement dépendant de la langue des entendants, avec la langue des signes française (LSF), langue naturelle des sourds vivant ensemble en France, qui est indépendante du français que nous parlons ensemble, comme Montaigne l'avait compris. Descartes aussi d'ailleurs, à sa suite probablement, qui notait que « *ceux qui sont sourds et muets inventent des signes particuliers par lesquels ils expriment leurs pensées* ».

M. B. — *Et à partir de quand a-t-on enseigné la langue des signes ?*

P. E. — La chance des sourds français, c'est l'abbé de L'Épée. Depuis le XVe siècle, dans l'aristocratie européenne, quelques précepteurs assidus, en se consacrant à de jeunes sourds nobles, étaient parfois parvenus à leur faire plus ou moins parler la langue commune des entendants. Mais Charles-Michel de L'Épée semble être le premier à avoir compris, au milieu du XVIIIe siècle, que dès qu'on réunissait plusieurs enfants sourds ils inventaient de nombreux signes et parvenaient à s'exprimer complètement, c'est-à-dire à exprimer des idées complexes. Il a su les « écouter » : devenir leur élève, apprendre leur langue, et, pour les mettre en relation de langage avec les entendants, il a pensé à se servir de leur langue à sa manière pour leur apprendre à lire et écrire le français, avec une étonnante réussite.

M. B. — *Il a créé une école ?*

P. E. — Dès 1760, une école privée. Il a eu le premier l'idée de créer un enseignement collectif et gratuit pour les enfants sourds, notamment pauvres, qui recevra plus tard le soutien de Louis XVI. L'idée de génie de l'abbé de L'Épée est d'avoir pensé qu'on pouvait parfaitement passer de la langue des signes au français écrit et donner accès aux sourds à toute la culture écrite des entendants ; ce qui a été vraiment atteint par ses disciples et successeurs, Sicard, Bébian, Clerc, Berthier, etc. Alors que les sourds étaient jusque-là rejetés en marge de la société, privés de tout savoir savant, grâce à lui et à eux, il y a eu des générations d'intellectuels sourds, devenus notamment professeurs de sourds, qui écrivaient très bien le français, et nombre d'entre eux ont publié des livres.

M. B. — *C'était révolutionnaire. Qu'en a pensé la Révolution ?*

P. E. — L'abbé de L'Épée meurt précisément en 1789, mais dès l'année suivante il est nommé « Bienfaiteur de l'humanité » par la Constituante, qui fait de son école l'Institution nationale des sourds-muets. Et elle sera fermement défendue par les Jacobins, et spécialement par l'abbé Grégoire, celui-là même qui voulait imposer aux entendants l'unicité linguistique en France.

M. B. — *Le modèle a-t-il été suivi ?*

P. E. — Très rapidement des institutions semblables ont vu le jour en France et en Europe. Et bientôt aux États-Unis, avec une telle réussite que s'y est créé au milieu du XIXe siècle, à Washington, le premier, et toujours le seul, établissement d'enseignement supérieur réservé aux sourds, Gallaudet College, aujourd'hui Gallaudet University. À cette « méthodc française » qui défendait le droit pour les sourds de se servir de leur langue propre, la langue des signes, s'opposait, depuis la fin du XVIIIe siècle, la méthode allemande développée par un instituteur de Leipzig créateur d'une institution où il imposait l'oralisme, c'est-à-dire l'usage de la langue orale par les sourds, en dépit du fait qu'ils n'entendent pas, méthode qui, au cours du XIXe siècle gagna des partisans partout, bien que ses résultats aient été très inférieurs à ceux de l'abbé de L'Épée.

M. B. — *Les Français ont abandonné la méthode du bon abbé ?*

P. E. — Seulement vers la fin du siècle. La défaite de 1870 a produit en France un fort sentiment d'infériorité face au système d'enseignement allemand (école obligatoire, organisation de l'université), et, sans que cette raison soit jamais invoquée, en 1880, les Français, au *Congrès international pour l'amélioration du sort des sourds-muets* tenu à Milan — où on a interdit aux délégués sourds d'intervenir —, se sont alignés avec les autres Européens sur la méthode allemande. Et, dans les institutions créées par l'abbé de L'Épée et ses disciples, à partir de cette décision, on a imposé l'oralisme, chassé les enseignants sourds et interdit aux professeurs comme aux élèves l'usage de la langue des signes, recourant à la contrainte pour obtenir sa disparition.

M. B. — *Je n'en crois pas mes oreilles.*

P. E. — L'interdit fait aux sourds d'utiliser leur unique langue spécifique est une atteinte qu'on peut dire criminelle à leur droit le plus élémentaire, le « plus précieux », comme dit la Déclaration des droits : la liberté de communication. « *Tout citoyen peut donc parler, écrire, imprimer librement* » (art. XI), cela inclut *ipso facto* ce qu'on appelait alors le parler en gestes ou parler gestuel, à preuve la protection accordée à la langue des signes par la Révolution. De la fin du XIXe siècle jusqu'aux années 1970, la langue des signes n'a eu aucune place dans l'enseignement des établissements publics spécialisés où des orthophonistes s'évertuaient à « démutiser » les sourds profonds qui, selon leur histoire médicale et sociale, parvenaient parfois à se faire entendre mais évidemment pas à entendre. Dans l'Institution de la rue Saint-Jacques à Paris, créée par l'abbé de L'Épée, c'est un oralisme rigide qui régnait.

M. B. — *Mais pourquoi ?*

P. E. — Il y a de quoi s'interroger. On avance parfois l'idée que ce serait une forme de jacobinisme, le rejet d'une langue minoritaire. J'en doute, sachant que les Jacobins historiques ont au contraire défendu l'œuvre de l'abbé de L'Épée. En outre, les partisans de l'oralisme ne tenaient pas la langue des signes pour une vraie langue.

M. B. — *Alors quoi ? Ça paraît vraiment curieux.*

P. E. — Je pense qu'il s'agit d'abord du contrôle social du corps, de la police du corps et d'une conception de l'enseignement en tant qu'instance de normalisation, comme disait Michel Foucault. Parler en gestes, parler avec tout le corps, avec souvent l'accompagnement de bruits apparemment incontrôlés, était ressenti par les entendants normatifs comme manquer à la bienséance, exhiber sa différence, troubler l'ordre du maintien corporel en société. Il y a quelque chose de dangereusement « naturel » dans la langue des signes, comme l'avait vu Montaigne, quelque chose qui remonte à « l'état de nature », qui échappe à la société « normale », c'est-à-dire normée. Il fallait « civiliser » ces sourds, comme, à la même époque, l'imposition du français par le colonialisme républicain se justifiait officiellement par le projet d'apporter « la civilisation » aux Africains.

M. B. — *En dehors de la danse, au XIXe siècle, il y aurait une obscénité de la présence exhibée du corps, aussi bien dans la nudité des « indigènes » que dans le langage gestuel ?*

P. E. — Plus généralement, parler en signes c'est manifester extérieurement qu'on n'est pas comme les autres ; or en 1880, il fallait absolument être comme les autres : avec les lois Ferry, l'école française est plus que jamais le lieu où tout le monde est semblable, le lieu où on ne parle que le français, quelle que soit la langue maternelle, et où on va jusqu'à imposer aux gauchers d'écrire de la main droite — ce qui n'a pas la moindre justification sinon celle d'interdire, de brimer et même de punir la différence, nécessité qui semble convenir aux hussards noirs de la République (métaphore redoutable)... Après presque un siècle de négation des droits de l'homme sourd, à partir des années 1970, les langues de signes vont peu à peu réapparaître et être reconnues, un peu partout dans le monde, pour ce qu'elles sont : des langues humaines à part entière, extériorisées en gestes comme d'autres le sont en sons, en lettres ou en caractères. Vers la même époque, d'ailleurs, la persécution scolaire ordinaire des gauchers va cesser.

M. B. — *Mais pourquoi les choses vont-elles changer vers 1970 ? À cause de Mai 68 ?*

P. E. — À cause du climat général de contestation, de rupture et de libéralisation de la fin des années soixante, en France mais d'abord aux États-Unis. Bientôt tout un « Mouvement sourd », va se mettre en branle des deux côtés de l'Atlantique où les revendications des sourds croisent le travail des linguistes, qui se sont mis à s'intéresser scientifiquement à la langue des signes américaine. D'abord le sociolinguiste William Stokoe, qui enseignait à Gallaudet College, puis les générativistes Ursula Bellugi et Edward Klima, de l'université de Californie, que tu as aussi dû croiser à Vincennes — où ils étaient précisément venus nous exposer ce qu'ils étaient en train de découvrir : que le langage propre aux sourds est sur les plans cognitif et linguistique tout à fait comparable aux langues qui se manifestent oralement et par écrit. Avec des spécificités liées à son type d'expression non linéaire, qui n'engage pas que les mains mais tout le visage et le corps, comme Montaigne l'avait bien vu. Le travail sur la langue des signes française suivra dès le milieu des années soixante-dix.

M. B. — *Les linguistes ont rendu ses lettres de noblesse à la langue des signes et ça a suffi pour retourner la situation ?*

P. E. — Ils ont légitimé scientifiquement cette langue et, du même coup, le combat des associations de sourds, qui n'avaient jamais cessé de lutter pour récupérer leurs droits et ont su profiter du climat ambiant de libération sociétale pour accentuer leur pression. On a peu à peu cessé de brimer les « signeurs » et laissé passer dans les institutions spécialisées, à côté de l'oralisme, un peu de langue des signes. Le chemin a été long mais, je le disais tout à l'heure, en 1991, une loi a enfin reconnu que, dans l'éducation des jeunes sourds, la liberté de choisir la langue des signes « est de droit ». Mais cette loi n'a guère été suivie d'effets dans l'éducation nationale.

M. B. — *En revanche, ou en compensation, on a commencé à voir apparaître, timidement, la langue des signes à la télévision dans un coin de l'écran. On en est toujours là ?*

P. E. — Eh bien non : par une de ces surprises dont la démocratie est toujours capable, en février 2005 le Parlement a adopté la « Loi sur l'égalité des droits et des chances, participation et citoyenneté des personnes handicapées », dont l'article 75 dispose : « *La langue des signes française est reconnue comme une langue à part entière.* » La loi précise que « *tout élève concerné doit pouvoir recevoir un enseignement de la langue des signes française* » et qu'elle sera utilisée « *dans l'éducation et le parcours scolaire des jeunes sourds* » qui feront ce choix.

M. B. — *Est-elle appliquée ?*

P. E. — Dans l'Éducation nationale, pas encore : la mise en œuvre n'est pas si simple ; elle est prévue pour la rentrée 2008. Mais sa véritable importance va bien au-delà. Si cette décision légale est d'une nouveauté renversante dans le contexte français, c'est parce que jusqu'à présent il n'y avait qu'une langue française, gravée dans le marbre de la Constitution. Et maintenant, légalement, il y en a deux. Il y a la langue française commune, qui se manifeste oralement et par écrit, et la langue des signes française qui est également une langue à part entière, totalement séparée de l'autre mais tout aussi française.

M. B. — *Qui a valeur légale ?*

P. E. — Qui a valeur légale depuis le 11 février 2005 exactement.

M. B. — *Est-ce qu'on peut imaginer qu'un candidat à la présidentielle fasse campagne à la télévision en langue des signes ?*

P. E. — Oui, on pourrait parfaitement avoir un candidat à la présidentielle s'exprimant en langue des signes française, même à la télévision, compte tenu de l'analyse précédente. D'ailleurs, je suppose que rien n'empêcherait un candidat de faire campagne en breton, en basque ou même en anglais, car dans notre Constitution rien n'indique, à ma connaissance, qu'un simple candidat doive s'exprimer dans la langue de la République — mais il aurait l'obligation d'être traduit lorsqu'il parlerait à la télévision. Les candidats à la présidence des États-Unis, eux, ne manquent jamais de faire des discours en espagnol. Mais ta question oblige à voir plus loin : ce que la loi du 11 février 2005 change, c'est que désormais, une fois élu, le président de la République, tenu par l'article 2 de la Constitution d'utiliser la langue de la République, peut, en fonction, s'exprimer en langue des signes française. Le président Chirac pourrait déjà très bien le faire...

M. B. — *Ce serait génial, non ? D'abord personne n'entendrait les lapsus. Et qu'il soit dur de la feuille ou migraineux, peu importe, le message passerait...*

P. E. — Cet article 75 de la loi est passé inaperçu du public, et tout autant des linguistes, mais il est essentiel et je crois que ses conséquences constitutionnelles n'ont encore été remarquées par personne. Déclarer que « la langue des signes française est reconnue comme une langue à part entière » signifie en effet que la LSF est mise au bénéfice de l'article 2 de la Constitution : elle est une langue française tout comme celle que toi et moi sommes en train de pratiquer, et donc elle est une autre forme de « la langue de la République ».

M. B. — *Aucune langue régionale n'a eu droit à une telle reconnaissance ?*

P. E. — Non, certes. D'ailleurs, à supposer qu'il existe une langue des signes alsacienne ou bretonne, ce que j'ignore, elle ne bénéficie pas de cette loi qui ne vise que la langue des signes française, et le Président ne pourrait pas l'utiliser officiellement.

M. B. — *Je pense à autre chose. Un président aveugle pourrait-il signer des actes officiels en braille ?*

P. E. — C'est une colle, mais je suppose que oui parce que le braille n'est pas une autre langue mais une autre forme d'écriture du français commun, sensible non pas à la vue mais au toucher, alors que la langue des signes française est une langue autonome : à part entière, comme dit si justement la loi.

M. B. — *Après avoir déambulé dans cinq des plus beaux*

jardins de Paris, nous allons clore, au moins provisoirement, nos conversations sur la langue française, et c'est assez inattendu pour moi de le faire sur la découverte qu'aujourd'hui, légalement, la langue française est dédoublée. Mais, par goût du bouclage, j'aimerais terminer en ré-évoquant ce qui nous a réunis et que le rappel du rôle joué par les linguistes dans la reconnaissance de la langue des signes vient de réveiller : le souvenir de l'inoubliable département de linguistique générale des années Vincennes. C'est drôle comme il semble qu'ait démarré en France vers le milieu du siècle dernier un intérêt accéléré pour la linguistique dont l'essor a rapidement contaminé tout le champ des sciences humaines. Je pense au structuralisme des années soixante, avec Lévi-Strauss, Foucault, Althusser, etc. Je pense aussi à Chomsky, venu plusieurs fois à Vincennes dans son jean impeccable, qui a joué un double rôle, à la fois comme théoricien de la grammaire générative et comme militant contre la guerre américaine au Viêt Nam, puis contre toutes les formes de l'impérialisme américain, et qui continue aujourd'hui encore d'être un homme politique et un penseur très influent. En même temps on a vu éclore, pas par hasard à Nanterre et à Vincennes, des personnalités linguistiques qui y correspondaient, j'en ai été témoin et toi aussi, avec Nicolas Ruwet, Maurice Gross ou Jean-Claude Milner, qui a joué lui aussi un rôle politique. C'est intéressant de voir pourquoi la linguistique a pris cette dimension si captivante. Sans doute avions-nous, étudiants, l'illusion d'aborder une science humaine qui ressemblerait un tant soit peu à une science exacte, comme la syntaxe générative ou la phonologie tridimensionnelle, ce qui nous éloignait un peu de la simple politique, mais ces illusions et ces déconvenues ayant passé, la linguistique a quand même perduré et elle est restée quelque chose d'extrêmement stimulant et vivant.

P. E. — Avec le structuralisme généralisé mais encore plus avec l'arrivée du chomskysme, la linguistique a pris en France, pour un temps limité, une place tout à fait singulière dans l'ensemble des sciences humaines, dont le succès frappant dans les années soixante-soixante-dix est largement lié à son émergence. Elle apparaissait comme la plus scientifique des sciences humaines et, même si le programme n'a pas été intégralement rempli, je crois encore que ce n'était pas une illusion : la linguistique est restée la science humaine par excellence qui est l'objet de formalisation, de modélisation ; le mode d'argumentation scientifique dans la linguistique n'a rien à voir avec celui des travaux littéraires en général, ou de la sociologie, l'anthropologie ou la psychanalyse, par exemple. Aujourd'hui la linguistique est de plus en plus liée aux sciences cognitives, mais elle reste la science humaine la plus susceptible d'être « falsifiée » pour parler comme Popper, invalidée. La France est un des rares pays qui ont donné cette place aux sciences humaines, avec l'Italie. Aux États-Unis, Chomsky a atteint, depuis des décennies, une grande célébrité due à son engagement politique, mais la plupart des gens ne savent pas du tout ce qu'il a apporté à la linguistique.

M. B. — *Sa théorie n'était pas facile à aborder.*

P. E. — Quand on voit que la French Theory est encore étudiée dans toutes les grandes universités américaines, on mesure à quel point la langue française a été portée par la floraison étonnante en France, dans les années soixante, de grands auteurs en sciences humaines qui ont eu un immense écho dans le monde, ceux que tu citais tout à l'heure, Lévi-Strauss, Foucault, Althusser et aussi Lacan, Barthes, Deleuze, Derrida, Bourdieu. Mais ils n'ont pas été remplacés.

M. B. — *Il y a eu quand même pas mal de fausse monnaie aussi.*

P. E. — Peut-être, mais ce qui reste décisif, pour moi du moins, c'est que la linguistique a été le déclencheur d'une remise en route de toutes les sciences humaines. Le *linguistic turn* s'est retrouvé, plus ou moins, dans toutes les disciplines, et la langue française en a tiré profit.

M. B. — *On a souvent l'impression que la linguistique actuelle, scientifique, abstraite, formalisée, est très éloignée des questions que le commun des mortels se pose sur la langue française.*

P. E. — Pourtant, on vient de le souligner, la théorie linguistique a contribué à contraindre les pouvoirs politiques à reconnaître les langues des signes pour ce qu'elles sont. C'est aussi leur compétence propre qui a conduit les linguistes français depuis plus d'un siècle à intervenir sur des questions telles que l'orthographe, la féminisation ou les droits des langues régionales ou minoritaires. C'est dans le cadre de la linguistique théorique que, pour ma part, j'ai compris que la langue était un ensemble structuré extrêmement complexe d'invariance et de variations — et c'est cette élaboration qui oriente l'ensemble des jugements que j'ai pu avancer dans nos conversations, même si la dimension proprement technique en est totalement absente. Une langue comme la langue française est une réalité qui évolue sans cesse, qui présente une très grande diversité, y compris chez un même locuteur, et qui pourtant conserve une indiscutable unité. On peut proposer, on a proposé des représentations formalisées des grammaires des langues qui rendent compte à la fois de leur dimension d'invariance et de leur perpétuelle variation, qui prennent en compte le flou, le flottant, l'hybride, l'émergent. La majorité des linguistes du XXe siècle n'ont considéré que l'invariance, mais la linguistique contemporaine traite aussi la variation — les sciences cognitives n'y sont pas pour rien. Désormais on ne prend pas seulement en charge la diversité telle qu'on l'étudiait autrefois, dans les dialectes ou français régionaux, mais aussi à l'intérieur même de la langue commune, et au cœur même des usages de chacun : cette variation permanente dans ton discours, dans mon discours, le fait que, dans tous ses domaines, la langue « joue » sans cesse. Ce qui nécessite de temps en temps de petits ajustements, orthographiques ou autres. Mais, malgré les craintes qui s'expriment toujours devant ce qui change, aussi longtemps que l'intercommunication entre tous les usagers d'une langue est maintenue, cette dimension dynamique ne menace pas l'unité qui est au principe même d'une langue et d'une communauté linguistique : ce qui fait que, même dans les français « évolués », quelque chose permet de dire qu'il s'agit encore de français.

M. B. — *Est-ce qu'on doit imaginer, dans deux cents ans, trois cents ans ou dans mille ans, si jamais le protocole de Kyoto et ceux qui le suivront nous permettent de tenir jusque-*

là, qu'il y aura encore une France ? Et s'il n'y a plus de France, y aura-t-il encore du français ?

P. E. — Les linguistes connaissent l'histoire des langues, ou du moins de certaines d'entre elles, depuis cinq mille ans qu'elles s'écrivent, et je ne suis pas opposé à l'idée de nous projeter cinq millénaires en avant puisque nous pouvons voir cinq millénaires en arrière. Les langues qui étaient dominantes au cinquième et au quatrième millénaire par rapport à aujourd'hui, c'est-à-dire aux troisième et deuxième millénaires avant Jésus-Christ, dans les mondes suméro-assyro-babylonien et égyptien, ces langues-là ont disparu comme langues transmises : on peut les lire sur les tablettes ou les monuments mais plus personne ne les parle. En revanche, des langues qui s'affirment en Occident dans le premier millénaire avant Jésus-Christ, donc à trois mille ans de nous, grec et latin, sont toujours enseignées, et donc comprises et utilisées par un plus grand nombre de sujets parlants qu'à leur époque classique. C'est la même chose pour l'hébreu, qui a connu une entière renaissance en retrouvant le lieu d'où il était parti, Israël. On entend souvent des auteurs alarmistes sommer les États, en Europe notamment, de mieux défendre leurs langues nationales ; mais on peut se demander si ce n'est pas plutôt les langues, dans bien des cas, qui défendent les États : sans la mise par écrit de la Torah, sans la persistance de l'hébreu sous la forme de langue religieuse, y aurait-il aujourd'hui un État d'Israël ? Il n'est pas sûr non plus qu'on aurait encore une nation grecque si l'ensemble des manuscrits grecs anciens avaient disparu.

M. B. — *Pendant la Seconde Guerre mondiale, quand les Américains étaient en lutte aérienne avec les Japonais dans le Pacifique, les aviateurs communiquaient avec leur base par radio mais la langue qu'ils employaient, l'américain, était trop facilement accessible aux oreilles japonaises ; donc ils utilisaient des interprètes qui parlaient en navajo, langue complètement ignorée des Japonais et de la plupart des Américains, parlée par très peu de locuteurs, et qui trouvait là son utilité. Et des linguistes américains, notamment protestants et liés, je suppose, à la CIA, ont parcouru l'Amazonie pour sauvegarder un certain nombre de langues en voie de perdition qui pouvaient se révéler des codes très précieux. Peut-être qu'un jour le français servira à des Vénusiens pour parler à des Uraniens sans être compris par les Martiens.*

P. E. — À moins qu'il n'y ait pas plus de Martiens que d'Uraniens... En tout cas, contrairement à certains de mes collègues, je n'ai aucune inquiétude particulière sur l'avenir prochain du français. Comme je te le disais d'entrée, au Palais-Royal, je pense que le français — avec ce qu'il compte aujourd'hui comme usagers et transmetteurs l'ayant intériorisé mentalement sous toutes ses formes, ainsi que comme objectivations écrites, c'est-à-dire les livres de toutes sortes, dont l'ensemble des travaux linguistiques, plus l'ensemble des textes littéraires universellement connus ou reconnus —, le français, donc, est une des langues le mieux armées pour traverser les siècles.

M. B. — *Les siècles ou les millénaires ?*

P. E. — On peut raisonnablement penser que dans deux ou trois millénaires il y aura encore des gens quelque part, ou peut-être un peu partout dans le monde, comme pour le latin ou le grec aujourd'hui, qui apprendront et liront le français, au moins à partir de quelques grands textes. Reste que l'évolution des techniques sera telle, et les modes de conservation seront tels qu'on aura à côté des livres d'innombrables images, d'innombrables archives sonores, et probablement beaucoup d'autres que je n'imagine pas, et rien ne garantit que l'écrit aura encore la présence qu'il a eue dans les cinq millénaires précédant notre temps. Ces questions sont ouvertes. Sans doute les auteurs des peintures de Lascaux pensaient-ils que leurs successeurs humains ne cesseraient pas de fréquenter ces grottes et de projeter des interprétations sur leurs images, ce qu'ils ont fait, en effet, pendant quelques millénaires. Puis le chemin en a été perdu pendant beaucoup plus de millénaires encore, et ces images auraient pu rester dans le noir pour l'éternité, comme c'est assurément le cas pour bien des peintures rupestres ignorées. Mais en septembre 1940, dans la France écrasée par la défaite, quatre adolescents redécouvrent fortuitement la « chapelle Sixtine de la préhistoire » et l'incroyable puissance des images ressurgit, intacte, restituant une temporalité où les « vieillards de Vichy » comme disait alors de Gaulle, ne pesaient soudain plus aucun poids.

M. B. — *Tout ça parce qu'un chien était tombé dans un trou.*

P. E. — Rêvons. Dans mille siècles, quand le nom de notre langue et celui de notre pays seront depuis très longtemps inconnus de tous, là même, peut-être, où nous achevons notre dialogue, devant le bassin, face au Palais, surplombés des Dames de France chères à

Faulkner dans leur rêve de pierre, une jeune archéologue venue d'on ne sait où fouiller ce site perdu du Grand Désert occidental de la planète Terre, à vingt mètres au-dessus du niveau que nous foulons, exhumera, on ne sait comment, *Bérénice, Les Illuminations* ou *La Route des Flandres,* et quelque chose dans le monde en sera différent.

Avertissement 11

I. Au Palais-Royal 13
II. Aux Tuileries 51
III. Aux Buttes-Chaumont 81
IV. Au musée Rodin 119
V. Au jardin du Luxembourg 155